吉林外国语大学学术著作出版基金资助出版

| 光明社科文库 |

外语类应用型人才
培养模式研究与实践

以吉林外国语大学为例

秦　和◎著

光明日报出版社

图书在版编目（CIP）数据

外语类应用型人才培养模式研究与实践：以吉林外国语大学为例 / 秦和著 . -- 北京：光明日报出版社，2019.12

ISBN 978 - 7 - 5194 - 5576 - 7

Ⅰ.①外… Ⅱ.①秦… Ⅲ.①地方高校—外语—人才培养—培养模式—研究—吉林 Ⅳ.①H3

中国版本图书馆 CIP 数据核字（2019）第 298898 号

外语类应用型人才培养模式研究与实践——以吉林外国语大学为例
WAIYULEI YINGYONGXING RENCAI PEIYANG MOSHI YANJIU YU
SHIJIAN——YI JILIN WAIGUOYU DAXUE WEILI

著　　者：秦　和

责任编辑：曹美娜　黄　莺　　　　　　责任校对：周春梅
封面设计：中联学林　　　　　　　　　责任印制：曹　净

出版发行：光明日报出版社
地　　址：北京市西城区永安路 106 号，100050
电　　话：010-63139890（咨询），63131930（邮购）
传　　真：010 - 63131930
网　　址：http：//book. gmw. cn
E - mail：caomeina@ gmw. cn
法律顾问：北京德恒律师事务所龚柳方律师

印　　刷：三河市华东印刷有限公司
装　　订：三河市华东印刷有限公司

本书如有破损、缺页、装订错误，请与本社联系调换，电话：010 - 63131930

开　　本：170mm×240mm
字　　数：181 千字　　　　　　　　　印　　张：17
版　　次：2021 年 4 月第 1 版　　　　　印　　次：2021 年 4 月第 1 次印刷
书　　号：ISBN 978 - 7 - 5194 - 5576 - 7

定　　价：95.00 元

序

改革开放以来，我国教育事业迎来了蓬勃发展的春天。进入 21世纪，高等教育经历了一段波澜壮阔的快速发展历程，取得了令世人瞩目的发展成就。高等教育规模急剧扩大，2019 年，毛入学率达到 51.6%，进入普及化发展阶段；办学效益显著提升，区域布局和学科专业结构逐步优化，办学体制和管理体制改革不断深化，逐步纳入了法治化发展的轨道。高等学校已经步入社会的中心，人才培养、科学研究、社会服务、文化传承创新、国际交流合作等基本功能充分发挥，对经济社会发展的贡献度不断提高。

我国高等教育之所以能取得如此巨大的成就，民办高等教育功不可没。党的十一届三中全会召开后不久，民办高等教育就得以恢复并始终保持快速发展的势头。一些社会热心人士基于对改革开放形势的审慎把握和对教育事业的深厚情怀，依托有关社会团体和企事业单位，积极投身民办高等教育事业。许多举办者从开展培训、非学历教育入手，逐步拓展到学历教育，从专科层次逐步提升到本科和研究生层次。2019 年教育事业统计数据显示，全国共有民办高校756所，其中本科257所、专科499所；共有在校生708.83万人。全国普通本专科在校生中，民办高校占比已达28.13%。可以说，民办高等教育已成为我国高等教育体系的重要组成部分，成为了高等教育的重要增长点，在加快高等教育普及进程、提供多样化高等教育服务、培养多样化应用型人才、缓解高等教育财政压力、探索高等学校改革等方面发挥了重要作用，取得了显著成果。

民办高等教育的快速发展，首先得益于改革开放这个伟大的时代，同时也凝聚着一大批举办者的心血和汗水。尤其要看到，我国民办教育是在公办高校居于主导的格局下发展起来的，对举办者而言，不仅需要胆识、需要智慧；还需要情怀、需要信念。实践表明，每一所优秀的民办高校背后，都有优秀的管理团队，其中举办者发挥着核心的作用。

秦和是吉林外国语大学的创办者，我认识她已有多年。因为工作关系或受其邀请，我曾多次到吉林华桥外国语学院（即吉林外国语大学的前身）调研学习，与她就民办高等教育发展问题进行过多次坦诚的沟通交流。多年来，我去过数百所高校，其中民办高校的数量不在少数。毫无疑问，吉林外国语大学是一所给我留下深刻印象的高校。有几点印象尤其深刻：

一是管理规范高效。迈入吉林外国语大学的校园，有一种扑面而来的"精细感"，校园环境雅致，到处窗明几净，师生彬彬有礼，一切都井然有序。置身校园，既能体会到校园的宁静，又能感受到勃勃的生机。进一步深入了解发现，学校的机构设置、人员配置、制度建设、文化建设等各方面，都考虑很周全，民办教育体制机制的优势充分体现。

二是办学定位清晰。学校明确以培养高层次复合型应用型人才为目标，从学校创办之初，这一定位就写入了章程，是我国最早提出应用型办学理念并一以贯之实施的高校之一。尤为可贵的是，在吉林外国语大学，应用型这一理念已经在干部教师中形成了共识，并转化为具体的课程体系，融入了人才培养全过程。学校所培养的学生，在实践动手能力和职业素养方面具有鲜明特色，经受了劳动力市场的检验，受到了用人单位的好评。

三是坚持非营利性办学。学校高举公益性旗帜，所有办学收入都用于学校事业发展，举办者从未从中提取合理回报。早在2006年，秦和就郑重放弃对学校资产的所有权，并进行了司法公证，赢得了政府的信任和社会的赞誉。学校还发起成立了中国非营利性民办高校联盟，也是迄今为止唯一一所承担国家教育体制改革试点"探索非营利性民办高校办学模式"任务的高校。

四是具有开阔的国际视野。作为一所外国语院校，吉林外国语大学注重培养学生的国际素养，研发多样化的国际课程，为师生创造国际交流合作的机会。截至2019年底，学校与30余个国家和地区的210所高校建立了形式多样的合作关系，专任教师中外籍教师比例超过13%。学校还建立了为学生提供多元文化体验的实践教学基地——地球村，每年开展各种形式的国际交流活动，在全校营造了浓厚的国际化氛围。

经过20多年的积累，学校的办学实践已积累沉淀为制度和文化，使得这样一所年轻的大学逐渐厚重起来，形成了独特的精神气质。在秦和及其管理团队和全校干部教师的不懈努力下，吉林外国语大学取得了十分突出的成绩，始终走在中国民办高等教育的"第一方阵"，书写了诸多"第一"。比如，第一所以"大学"命名的民办高校、第一所获得硕士学位授权的民办高校、第一所列入省属重点高校的民办高校、第一所入选国家中西部高校基础能力建设工程的民办高校、第一所获得"中国政府奖学金"来华留学生招生资格的民办高校、第一所通过教育部本科教学审核评估的民办高校，等等。今天的吉林外国语大学，已经积累了良好的办学声誉，站在了新的历史起点上。

在吉林外国语大学的发展历程中，秦和无疑是一位灵魂人物。她有理想情怀、有拼劲韧劲、有胆识智慧，既有雷厉风行的风格，又有从容包容的个性。更为重要的是，秦和作为举办者同时也是管理者，一直致力于研究应用型高校办学规律，积极探索应用型外语外事人才的培养模式。她立足国情和校情，努力拓展学校发展空间，坚韧探索中国特色非营利性民办高校的发展路径。她主持开展了多项课题研究，发表了相关研究成果，在诸多场合介绍了吉林外国语大学的办学理念及育人实践。经过长期的实践探索和潜心研究，秦和的专著《外语类应用型人才培养模式研究与实践》即将出版，实乃可喜可贺！该书在厘清应用型人才培养基本概念的基础上，分析了国内外应用型人才培养的不同模式及其特征，从育人观念、培养方案、课程体系、师资队伍、管理机制、质量保障、资源建设等方面系统阐释了吉林外国语大学致力于培养外语类应用型人才的实践探索和理论探究成果。作为吉林外国语大学艰难曲折发展历程的见证者，我认为对秦和的办学思想、办学实践及心路历程进行系统梳理并结集出版，是一项很有意义的工作。这既是对吉林外国语大学办学实践的凝练和升华，也是对改革开放以来我国民办高等教育发展历史的记录和反思，对于谋划和推动民办高等教育未来发展、不断提升应用型人才培养水平具有重要参考价值。

面向新发展格局建设高质量高等教育体系，已经成为新时代我国高等教育改革发展的战略任务。我希望并且相信，吉林外国语大学励精图治、继往开来，坚持内涵式发展和特色发展，一定会为我国高等教育事业发展做出新的更大的贡献。

是为序。

钟秉林

2019 年 9 月 10 日

目　录
CONTENTS

第一章

应用型人才培养模式概论

第一节　人才培养模式

一、人才培养模式概念

"人才培养模式"这一概念，产生于20世纪80年代后期，发展于90年代中期，是我国教育教学改革的产物。1996年3月，《中华人民共和国国民经济和社会发展"九五"计划和2010年远景目标纲要》提出"改革人才培养模式"，这是该词第一次出现在国家法规文件中，并成为我国教育教学改革的核心。关于人才培养模式有很多的理解和定义。如陈祖福将"人才培养模式"定义为"受教育者构建什么样的知识、能力、素质结构，以及怎样实现这种结构的方式"。原高教司副司长林蕙青认为"人才培养模式是学校为学生构建的知识、能力、素质结构，以及实现这种结构的方式，它从根本上规定了人才特征并集中地体现了教育思想和教育观念"。

（一）不同视角下的人才培养模式

近年来，人才培养模式研究引起了高等教育界的广泛关注，但对于人才培养模式的概念仍处于理论探讨的初级阶段。通过文献梳理发现，关于人才培养模式概念的表述甚多，学者们从不同层面、不同视角，形成了不同的观点，可谓仁者见仁、智者见智。

一是从人才培养规范的视角，人才培养模式是一定教育机构或教育工作者群体普遍认同和遵从的关于人才培养活动的实践规范和操作样式，是直接作用于受教育者身心的教育活动全要素和全过程的总和。① 二是从人才培养系统的视角，人才培养模式是一个系统，至少包括创新人才的培养模式和人才成长环境两部分。前者是核心，包括培养目标、专业结构、课程体系、教学制度、教学模式和日常教学管理；后者是保证，包括师资队伍、教学硬件和校园文化氛围。因此，创新人才培养应该从观念到制度、从软件到硬件、从教师到学生，进行全面的综合建设。② 三是从人才培养过程的视角，人才培养模式由培养目标、培养制度、培养过程、培养评价构成，是在一定的教育理念指导下，按照特定的培养目标和人才规格，以相对稳定的管理制度、课程体系、教学内容和评估方式实施人才教育的过程的总和。③ 四是从人才培养结构的视角，人才培养模式是为了实现一定的人才培养目标的整个管理活动的组织方式，是在一定的教育思想指导下，为完成特定的人才培养目标而构建起来的人才培养结构和策略体系。④ 五是从整体教学方式的视角，培

---

① 魏所康. 培养模式论 [M]. 南京：东南大学出版社，2004.
② 朱宏. 高校创新人才培养模式的探索与实践 [J]. 高校教育管理，2008 (3).
③ 翟安英，石防震，成建平. 对高等教育创新型人才培养及模式的再思考 [J]. 盐城工学院学报（社会科学版），2008 (2).
④ 马国军. 构建创新人才培养模式的研究 [J]. 高等农业教育，2001 (4).

养模式是教育观念、教育思想、课程体系、教学方法、教学手段、教学资源、教学管理体制、教学环境等方面有机结合的一种整体教学方式。①

可以看出，有关"人才培养模式"的界定甚多，但从不同视角解读人才培养模式，也存在着一些误区：一是对人才培养模式内涵的把握不清，把人才培养模式等同于人才培养，未突出人才培养模式是对人才培养过程的设计与建构；二是对人才培养模式的外延把握不准，或是过于泛化，如"教育活动全要素的总和和全过程的总和"等，或是过于窄化，如"教学方式方法"的界定；三是将培养模式与培养途径、培养条件混淆，如将人才培养模式界定为包含师资队伍、教学硬件、校园文化、学术氛围等培养条件的人才培养的系统。

（二）人才培养模式的厘定

鉴于学界的研究论断，我们认为所谓人才培养模式，是在一定的教育理念指导下，为实现既定的培养目标而采取的培养过程的模式和运行方式，是人才培养目标、人才规格、培养方案和教学过程等诸要素的组合，它包括专业设置、课程模式、教学内容、教学方法、教师队伍、教学管理、教学评价等要素。换句话说，人才培养模式是人才培养目标、培养规格和基本培养方式的统一体。但人才培养没有统一的模式，不同的学校，应根据自己的培养目标和自身的优势条件，采取不同的人才培养模式。同时，受社会经济、政治、文化的制约，人才培养模式具有典型的时代特点。强调对人才培养模式的理论和实践研究既是时代发展的强烈呼唤，也是高等教育发展的内在迫切要求。

---

① 刘红梅，张晓松. 21 世纪初高教人才培养模式基本原则探析［J］. 齐齐哈尔医学院学报，2002（5）.

二、人才培养模式内涵

为了培养时代需要的人才，就必须改革和创新人才培养模式，而要改革和创新人才培养模式，首先要从研究人才培养模式的内涵构成入手。对于研究而言，界定某一事物的概念是研究该事物的逻辑起点，可以精确界定研究的范围和基本内容，而概念界定的核心是明确内涵与外延。内涵是该事物的构成要素，外延是该事物的层面与范围。

（一）人才培养模式的性质

人才培养模式是一个系统。能被称为"模式"的，一定是具有系统性、结构化，并且经过高度提炼定格的，是具有"范式"和"典型"意义的事物。因此，董泽芳认为："人才培养模式是指在一定的教育理念指导下，为实现一定的培养目标而形成的较为稳定的结构状态和运行机制，主要由教育理念、培养目标、培养过程、培养制度、培养评价等构成的一个有机系统，并且在人才培养的实践中所形成的被定型化的范式。"①

从人才培养模式的范畴来看，它有别于办学模式和教学模式。办学模式是一个外延的概念，涉及投资体制、办学体制、管理体制、招生和就业体制、校内管理体制等制度结构，以及教学、科研、社会服务等办学功能。而办学模式的改革必然会引起人才培养模式的改革，如"面向社会、依法自主办学"的办学模式就直接导致了"厚基础、宽口径"的人才培养模式的提出和实施。教学模式是一个涉及教学主体、教学环境、教学内容、教学方法、教学手段等要素，有具体的教学活动过程的

---

① 董泽芳. 高校人才培养模式的概念界定与要素解析［J］. 大学教育科学，2012（3）.

概念，是人才培养模式的一个重要组成部分。①

（二）人才培养模式的特征

针对性。由于人才培养模式是在一定的教育理念指导下，为实现一定的培养目标而形成的较为稳定的结构状态和运行机制，是具有"范式"和"典型"意义的事物，因此，人才培养模式是针对教育理念指导下的培养目标而设计的，针对培养目标不同，培养模式会存在一定差异。

多元性。人才培养关系到教育机构、企事业单位以及科研院所，是一项多角色、系统化的工程。因此，人才培养不能仅仅依靠某一单一主体来进行设计安排，不能脱离经济社会发展的需要。由于现代社会对人才的需求是全方位、多元化的，因此，人才培养模式也应呈现多元性，由多个主体参与，按照社会经济发展对人才的不同需要来培养和设计。

稳定性。人才培养模式一经确定，就具有相对稳定性，是较为稳定的结构状态和运行机制，以规范和指导人才培养活动。

发展性。人才培养模式虽然具有相对稳定性，但并不是一成不变的，要随着经济社会发展对人才的需要来进行调整，包括培养目标、培养手段和方式、课程体系等，以满足社会发展对人才的需求。

系统性。正如前文所述，人才培养模式是一个由教育理念、培养目标、培养制度、培养过程、质量评价等构成的一个有机系统，是在人才培养的实践中所形成的被定型化的范式。因此，在进行人才培养模式的选择和设计时应从系统的角度来进行考虑。

（三）人才培养模式的要素

人才培养模式包括培养理念、培养目标、培养制度、培养过程、培

---

① 钱国英，徐立清，应雄. 高等教育转型与应用型本科人才培养［M］. 杭州：浙江大学出版社，2007.

养评价等要素。培养理念是原则，培养目标是方向，培养制度是机制，培养过程是环节，培养评价是保障。

培养理念。培养理念是人们对于教育领域内的各个运行要素（如教育制度、人才培养目标、人才培养方式）和现象的理解和价值选择的总称。培养理念不是教育行为、运行要素和教育制度等概念本身，而是隐藏于行为、现象和制度背后的观点和价值追求。培养理念是不同教育主体采取不同人才培养模式和教育行为的原因，是不同教育制度表现的价值取向，是教育活动实施的思想根基。培养理念，是指导人才培养的教育观念和原则，它规定着人才培养活动的性质和方向。它是所有教育行为和活动的内在动力，任何教育行为和活动都必须以培养理念为先导，人才培养活动更不例外。缺乏培养理念的指导，教育目标一定是片面的，教育活动一定是短期行为，结果也必定是短期的。人才培养模式是相应的培养理念的具体体现和实践，任何一种人才培养模式都必须在一定的培养理念的指导下去构建，对人才培养模式的探讨不能脱离培养理念。

培养理念是构建人才培养模式的指导思想，是人才培养模式的灵魂，对培养目标、培养方式和培养机制等起着支配的作用。学校要按照并遵循高等教育发展的规律，根据社会经济发展对人才培养的现实需要，树立具有时代特征的人才培养理念。① 培养理念是培养主体对人才培养的理想追求和具体的教育观念，以及对人才培养的本质特征、目标价值、职能任务和活动原则等的理性认识，如质量观、师生观、教学观、学生观等，旨在回答"应该培养怎样的人"和"如何培养"等问题。培养理念对人才培养模式其他要素的选择与确定都有极其重要的影

---

① 钱国英，徐立清，应雄. 高等教育转型与应用型本科人才培养［M］. 杭州：浙江大学出版社，2007.

响。从哲学层面上讲，培养理念的功能旨在揭示人才培养的内在逻辑与终极价值；从操作层面上讲，旨在指导人才培养过程，包括培养的程序与环节等的设计与构想。①

　　培养目标。培养目标是人才培养的标准和要求，是人才培养模式构建的逻辑起点，对人才培养活动具有导向、规范和调控作用。因此，可以说培养目标是高校人才培养模式的方针，为人才培养活动指明了方向，是人才培养的根本出发点，也是培养过程、培养方法、培养效果评价的依据。从微观层面来看，人才培养目标是"教育实践活动过程中具有先决性质的核心概念"②，包括人才规格、培养方向、培养规格、业务培养要求等内容。高校人才培养目标受到社会对人才类型、规格的需求以及学生的基础条件和全面发展要求两方面共同的制约，它是培养模式因素中的决定性因素。它对人才培养进行质的规定，即规定要培养什么类型的人，体现所要培养的人才的基本特征。总结来说，培养目标具有以下作用：第一，它是人才培养模式构建的依据和出发点，决定了人才培养活动的预期结果，为整套的人才培养活动明确方向。第二，它是教育理念的具体化。教育理念对于人才培养起着非常重要的作用，如果没有人才培养目标将其具体化，教育理念就只是空谈，难以将教育理念落实到具体的人才培养实践活动中。因此，学校要依据办学目标定位、社会人才需求特征、服务面向定位、生源特征以及办学条件，确立合理的人才培养目标。人才培养模式是为实现特定的人才培养目标这项根本任务服务的，因而人才培养目标是课程设置的前提和依据。培养目

① 董泽芳.高校人才培养模式的概念界定与要素解析［J］.大学教育科学，2012（3）.

② 杨志坚.中国本科教育培养目标研究（之一）——导论［J］.辽宁教育研究，2004（5）.

标通过分解可以转化成为显性课程目标和隐性课程目标。显性的课程目标体现在课程体系中，而隐性的课程目标则体现在社会实践、校园文化等活动中。

我国在应用型人才培养过程中立足于将大学生培养成为社会和企业当中优秀的人才即创新型人才，使他们不仅实践能力强，而且知识结构合理。由于社会和企业的需求不同，同时高校之间对人才培养的方式及关注点也存在着不尽相同之处，所以各个高校在人才培养方面都有着自身的特色与重点，即每所高校在制定人才培养模式时都应该做到具体化、量化及行为化，使得人才培养目标可以操作，这将是高校人才培养成功与否的关键性要素。一般来说，高校在制定大学生培养目标时，主要侧重于培养大学生对社会的感知，树立正确的价值观和人生观，提升大学生对专业技术手段的掌握及对新知识、新事物的挖掘能力，使其具有一定的开拓创新精神和良好的道德思想品质。

培养制度。培养制度是关于人才培养的重要规定及其实施程序和体系，是人才培养体系中非常重要的一项内容，是人才培养按规划和计划实施的基本前提和重要保障。培养制度使人才培养活动制度化和规范化，而人才培养活动只有制度化和规范化了，才能使人才培养模式得以形成和实施。培养制度由基本制度、组合制度和日常教学管理制度构成。基本制度包括学年制和学分制两种制度。前者使人才培养计划和过程高度结构化，所设置的课程有严密的层次性和顺序性，课程修习采用学年、学时计算单位；后者更具有弹性，是建立在选修制基础上的，以学习量和质量为计算单位，一般采取计划学分制、学年学分制、加权学分制和完全学分制等不同形式。组合制度最初只是一种权宜性的制度，是对计划外学习的安排，是为学有余力的学生设计提供的学习课程。随着人才培养目标的多样化，组合制度逐渐演变成为一种人才培养制度，如现行的双学位制度、主辅修制度等。日常教学管理制度是为了维护和保障正常教学秩序运转而制定的各种办法、规则等制度体系，如考试制度、各种奖惩制度等。①

培养过程。"培养过程是教育理念得以贯彻的中间环节，是培养目标得以实现的过程，它是为实现一定的人才培养目标而实施的一系列人才培养活动的过程。"② 培养过程是否科学合理，对于人才培养而言至关重要。培养过程是贯彻和实现教育理念的过程，它决定人才培养目标能否实现，决定人才培养模式的成败，决定人才培养活动是否有效、能否成功。

人才培养过程是高校人才培养的实现媒介。培养目标不同，所采取的对策不同，就需要设定特定的人才培养体系和方法以实现既定的培养目标。培养过程包括专业设置、课程体系、培养方案、教学组织和教学管理等。其中专业设置是人才培养的基本前提，以专业的方式组织教学是我国高等教育人才培养的重要特征，它规定着专业的划分及名称，反映着培养人才的业务规格和就业方向。③ 课程体系"是教学内容按一定的程序组织起来的系统"，是"教学内容及其进程的总和"，是学校所设定的课程类型和课程门类在各年级的安排顺序和学时分配，以及对各类各科课程的学习目标、学习内容和学习要求的简要规定。④ 培养方案是为实现人才培养目标而制订的一系列静态的培养计划，它是人才培养

---

① 郑群. 关于人才培养模式的概念与构成［J］. 河南师范大学学报（哲学社会科学版），2004（1）.
② 姜士伟. 人才培养模式的概念、内涵及构成［J］. 广东广播电视大学学报，2008（2）.
③ 钱国英，徐立清，应雄. 高等教育转型与应用型本科人才培养［M］. 杭州：浙江大学出版社，2007.
④ 董泽芳. 高校人才培养模式的概念界定与要素解析［J］. 大学教育科学，2012（3）.

活动的规划和计划，是人才培养模式的静态形式。教学组织是教学活动过程中，教师和学生的组织方式以及教学时间和空间的安排方式。教学管理是在一定的教育思想、管理理论的指导下，对教学过程进行组织管理的方式与方法。

培养评价。培养评价是依据特定的培养目标和一定的标准对人才培养过程、质量和效益做出的客观衡量和科学评判。它是针对培养目标和培养过程所建立的评价标准和方法，它是人才培养过程中的重要环节，是保障人才培养目标实现的环节，是衡量为实现人才培养目标的培养活动成功与否的措施①，也是检验人才培养效果的有效方式和激励师生的重要手段。一方面，根据人才培养评价来判断人才培养活动是否符合人才培养目标的要求，是否达到了预期的人才培养目标；另一方面，人才培养评价可以有效地监控人才培养活动过程，及时发现问题并纠正偏差，及时优化人才培养方案、完善培养过程。具体来讲，人才培养评价是通过收集人才培养过程中各方面信息，并依据一定的标准对培养过程及所培养人才的质量与效益做出客观衡量和科学判断，并对人才培养活动的过程实施全面的监控，对评价结果及时进行反馈并做出相应调节的过程。在人才培养过程中，正是因为有人才培养评价的存在，才能科学地定位人才培养目标，及时地修订人才培养方案和计划，完善培养模式，合理地设置课程体系，优化教学策略，探索更适合的组织形式，使整个人才培养过程朝着既定的目标前进，最终实现人才培养目标。考试制度和淘汰制度是两种常见的评价方式。

---

① 王东旭. 试析科学发展观视阈下特色研究型大学的人才培养模式 ［J］. 黑龙江高教研究，2009（8）.

第二节　应用型人才培养模式

　　21 世纪以来，我国处于高新技术发展与产业结构调整的重要时期，需要大量多元化的人才。但目前国内的高等学校由于种种原因，在办学定位上盲目攀比研究型高校，"千校一面"的同质化问题比较严重，培养的人才集中于研究型或学术型人才。由于研究型或学术型人才不能适应社会产业的多样化需求，相对于市场有限的需求来说显得过剩，应用型人才的缺乏已成为我国企业创新发展的瓶颈。因此，高校不应再扎堆研究型和学术型人才培养，而要实现错位发展，突出特色，实施高校分类发展，促进有条件和创新意识的高校向应用型院校转型，培养适应市场需要的应用型人才，打破我国企业创新发展的瓶颈。《国家中长期教育改革和发展规划纲要（2010—2020 年)》明确指出："引导高校合理定位，克服同质化倾向，形成各自的办学理念和风格，在不同层次、不同领域办出特色，争创一流。"关于应用型人才培养模式的探讨受到越来越多的关注，培养应用型人才成为教学型高校的目标与使命。从某种意义上讲，在我国，培养应用型人才是广大地方高校培养目标的理性选择①。随着应用型外延的拓展，应用型的层次不断提高，专业博士、专业硕士都属于应用型人才培养的范畴。各类高校都面临着重新审视应用型人才培养的问题。

一、什么是应用型人才

　　应用型本科教育是介于研究型教育与职业教育之间的本科教育。应

---

　　① 潘懋元，吴玫．高等学校分类与定位问题［J］．复旦教育论坛，2003（3）．

用型本科教育重点是培养应用型人才，应用型人才培养有其独特的内涵和规格。

所谓应用型人才，就是掌握必备的基本理论并重视理论知识的应用，具有适应行业需要的知识结构和为地方区域经济、社会发展服务的工作能力；具有运用基本理论和专门知识，独立分析问题、解决实际问题的综合能力的人才。面向行业，面向基层，面向生产和社会实践培养应用型人才，其目的是为地方区域经济、社会发展服务。应用型人才培养要以提高解决实际问题的能力为主，同时也要重视对基础理论和专门知识的传授。应用型人才的培养规格应该是：厚基础，宽口径，强能力，以能力为主。

"基础"包括基础理论、专门知识和基本技能。所谓"厚基础"就是基础理论扎实，专门知识牢固，基本技能娴熟，即基本功过硬。基础理论是学生能力的灵魂，专门知识是学生能力运用的工具，夯实基础理论和专门知识的基础是为学生储存后劲的重要手段。基本技能是学生解决实际问题的本领，基本技能娴熟才能很快适应工作。

所谓"宽口径"就是专门知识掌握得比较多。大学生通过学习所获得的知识分为专业性知识和通识性知识。专业性知识指专业理论和专业实践知识。通识性知识指人类、社会、自然发展及其规律的基本知识和基本理论。知识是能力的基础，"宽"是深的基础，只有基础宽，才能具有深入发展的条件。应用型大学生不仅要掌握专业知识，还要掌握相关的通识知识以及必要的实践知识。因为口径宽，所以适应性强。

所谓"强能力"就是利用所学过的理论和知识解决实际问题的能力强。能力分为专业能力和基本能力。专业能力就是利用所学专业知识观察、提出、分析和解决专业问题的能力、科研能力、创新能力；基本能力主要是职业工作能力，是综合能力，包括语言表达能力、外语综合应用能力、计算机操作能力和组织管理能力，还有学习能力、总结能力、应变能力、礼仪能力、养成能力、适应社会能力以及与人相处和沟通能力、国际交往能力和处理涉外事务的能力等等。

所谓"以能力为主"就是不以理论知识和专门知识的掌握为唯一衡量标准，而是以解决实际问题的能力大小作为重要的衡量标准。只有书本知识，没有实际经验，谓之半知；既有书本知识，又有实际经验，知行合一，谓之全知。学生应具有将基础理论、专门知识转化为解决实际问题的能力，即具有自己寻找解决问题办法的能力。

人才培养的规格标准是人才培养目标的具体化，是构建课程体系的基本依据。从应用型人才的规格标准来看，应用型本科教育突出社会本位的价值取向，注重以社会需求为导向。应用型人才培养规划标准为：①

从人才的知识结构上看，应用型人才不仅要有必要的理论基础和的专业知识，还要具有较宽的知识面，能够融合显性的理论知识和隐性的专业经验，形成综合性、动态性知识结构，以适应交叉渗透、高度集成的现代产业技术对一线应用型人才的需要。

在能力结构上，应用型人才具有必要的社会能力，能够适应和应对复杂的社会环境；具有综合的分析能力，能够在应然状态、实然状态、实践目标之间找到平衡；具有较强的实践能力，能适应现代生产技术的需要；具有一定的创造能力，能够进行技术创新和应用；具有终身的学习能力，能够紧跟技术发展，不断更新知识结构和能力结构。

在素养结构上，要避免"工具化"倾向，应用型人才不仅要具备良好的专业素质，还要有良好的人格素养，如良好的职业道德、较强的

---

① 陈蕾，李建启. 我国应用型本科教育的培养规格和培养模式 ［J］. 黑龙江高教研究，2014（5）.

团队意识和市场意识、主体的创新素质和个性特质，表现为创新思维和
探索精神等。见表1-1。

表1-1 应用型人才的规格标准

结构类型	培养规格标准	判别标准
知识结构	必要的理论基础和扎实的专业知识	理论适合一线实际问题解决的需要
	还要有一定的知识面	达到考核标准
	注重多学科多课程知识的综合应用	能够进行多学科课程的综合考评
	能够汇聚显性的理论知识和隐性的专业经验	能理解和吸收学习解决现实问题所需
	形成综合性、动态性的知识结构	能适应现代产业技术交叉渗透、高度集成对一线人才的需要
能力结构	具有综合的分析能力	能够在应然状态、实然状态、实践目标之间找到平衡
	具有较强的实践能力	能适应现代产业技术关联性日益增强的要求
	具有一定的创造能力	能够进行创新应用和技术创新
	具有必要的社会能力	能够权衡技术与社会等复杂因素，形成解决问题的优化决策
	具有终身的学习能力	能够紧跟技术发展，不断更新能力结构，实现知识持续积累
素质结构	要避免应用型本科教育的"工具化"倾向，应用型本科人才不仅要具备良好的专业素质，还要有良好的人格素养	良好的职业道德、较强的团队意识和市场意识，主体的创新素质和个性特质

应用型人才是与研究型人才相对应的一种人才类型，它与研究型人才之间只有人才类型上的差异，没有层次或水平的差异。两者都是经济社会发展不可或缺的人才。社会对人才的需求，按照人们认识世界、改造世界的方式不同，可以分为两种类型：一类是发现和研究客观规律的人才，即研究型人才；另一类是应用客观规律为解决社会问题为社会谋取利益的人才，即应用型人才。

应用型人才与社会实际问题结合紧密，侧重于知识应用与技术创新，解决社会生产、管理、服务的实际问题，是我国人才队伍中的重要力量。随着经济社会的发展和我国高等教育大众化的深入，社会对应用型人才的需求数量不断增加，需求的层次也在不断扩展，高校对应用型人才培养的阵营在不断扩大。应用型人才培养在我国高等教育人才培养中的地位越来越重要。

应用型人才培养和研究型人才培养都属于本科及其以上的教育层次。两者共同点是"较好地掌握本门学科的基础理论、专门知识和基本技能"。作为本科教育，无论是研究型还是应用型，在基础理论、专门知识和基本技能方面的要求是共同的。不同点在于，学术型人才要求"具有从事科学研究工作的初步能力"，应用型人才要求"具有担负应用型工作的初步能力"。本科层次的应用型和研究型具有同样的质量标准，没有此高彼低的区别。差别只在于培养的规格不同，而不是质量标准问题。

研究型人才是应用基本理论和专门知识，以研究为手段，面向基本理论、规律等的学理问题，所以要"具有从事科学研究工作的初步能力"，属于精英型教育；应用型人才也是应用基本理论和专门知识，以使用为手段，面向行业，面向基层，面向生产和社会实践，解决实际问题。应用型以为地方区域经济、社会发展服务为目的，所以要"具有担负应用型工作的初步能力"。由于培养方向的不同，在"基础理论、专门知识和基本技能"的掌握程度上，二者存在一定的差别。在基础理论和专门知识的掌握上，学术型要比应用型更专更深，而应用型在知识涵盖面上则更宽更广，具有一定的超学科性。对基本技能的要求，应用型显然要高于研究型。

二、国际教育标准分类

在国际上，虽然没有"应用型人才"这一专有名词，但有与应用型人才的标准和内涵相一致的人才类型。对于人才类型的分类方式，联合国教科文组织的分类法受到学术界的普遍认同。联合国教科文组织于1997年修订发布的《国际教育标准分类》（简称《标准》），按人才培养目标对高等教育进行了分类（见图1-1）。

在第三级教育（中学后教育）部分，《标准》按"发展阶梯"将教育体系划分为7个层次，其中第5层次包含专科、本科、硕士研究生三个子层次。值得注意的是，《标准》把第5层次又划分为"5A"和"5B"两种类型，其中"5A"是"面向理论基础、研究准备、进入高技术要求的专业课程"，是"理论型、研究型"，"5B"是一种"定向于某个特定职业的课程计划"，是"实际的、技术的、具体职业的特殊专业课程"，与我国高职的教育目标基本一致。5A又分为5A1与5A2两种类型：5A1一般是为研究做准备的，培养学术型人才，相当于我国研究型大学的本科及硕士生，侧重于基本理论学习和研究，可为进入下一阶段（博士）做准备；5A2一般为培养各行各业的高级专门人才的专业性教育，相当于我国的工、农、医等学科的本科及硕士生，毕业生大多到企业等生产一线从事技术工作或从事研究开发及技术管理工作。很显然，在国际教育标准分类中，高等教育被明确划分为两种类型，即

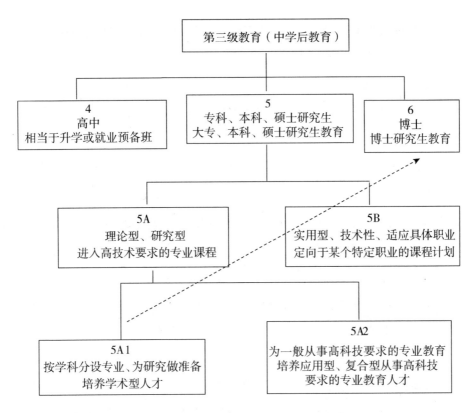

图1-1 国际教育标准分类第三级教育示意图

学术型与职业型。每种类型，各有其培养目标、发展方向，并没有层次、等级的区别，因此都可以办出特色，争创一流。

潘懋元先生在《国际教育标准分类》的基础上，提出我国高等教育的三类：第一类是综合型、研究型大学，宗旨是培养拔尖创新人才，这类大学是少量的；第二类高校是专业性、应用型的大学或学院，培养各行各业大量需要的应用型人才；第三类是职业性、技能型的高职，此类院校数量较多，培养在生产、管理、服务一线从事实际工作的技术人员。后来在进一步研究的基础上，潘懋元先生在《应用型人才培养的基本理论与实践》一书中，按照高等教育的性质与类型两个维度来定位地方本科院校的类型。依据"学科性""应用性"为价值取向，将高等教育分为学术型与应用型两大类。

技能型、职业型是职业教育。一般属于专科层次或职业教育。应用型是本科教育，在教育层次和基础理论、专门知识的要求上，都高于技能型。

应用型人才与技能型人才虽然都是面向实际问题，但是，他们的侧重点是不同的。技能型人才注重的是操作层面，是面向具体的职业。解决的问题往往是与动手能力相关的技术问题，比较固定，而这些问题的解决办法多在学校已经学习过，是技术、技能的熟练性问题。应用型人才面向的是行业，而不是职业；行业是一系列具有共同性质的职业集合、比如饮食、理发、洗浴都是职业，合起来称服务行业。因此行业比职业宽，解决的问题可能是不固定的。往往会带有一定的"智力性"。

因此，技能型对基本理论一般要求不高，对专门知识要求也不很多，基本理论功底较弱，知识面较窄，适应面略窄，但对一项具体工作的技术或技能却可以熟练操作。而应用型不仅要具有胜任某种具体职业岗位的技能，且具有以基本理论为指导，运用知识进行技术、开发的能力，即自己能独立分析问题，自行寻找解决实际问题方法、途径。所以应用型人才比技能型人才的基本理论深厚，专门知识更丰富，适应面更宽，具有自己寻找解决问题方法的能力。

三、应用型人才的特点

（一）具有复合性、应用性的知识

首先，要有一定的知识广度，即应用型人才要有一定的人文社会知识与自然科学知识，以及扎实的专业基础知识。这些基础知识是知识更新的原动力，也是最容易迁移的知识；其次，有扎实的专业知识，这类知识是专业知识体系的核心部分，也是知识体系的特色所在；最后，有一定的社交、管理等方面的复合性知识，以及语言、计算机等工具性知识，这些知识正是人们从事专业活动的背景知识。

应用型人才要掌握一定深度的专业知识。与技能型人才相比，应用型人才掌握的知识要具有同样的深度，与学术型人才相比，应用型人才所学的知识应该是从学科知识中抽选出简约性、主干性、并自成体系的知识。

应用型人才掌握的知识结构具有复合性。不仅要具有工作岗位知识和职业岗位技能的操作性知识，还要掌握较为系统、完整的专业知识体系。总之，应用型本科人才知识结构类型上具有"复合性"特点。

应用型人才不仅要掌握理论性知识，还要具有应用性知识。学术型的人才必须掌握科学理论知识，技能型人才需要掌握岗位技能知识和现场操作经验，而本科应用型人才这种介于中间的人才，则需要两方面都兼顾，即既要掌握理论知识，也要具备操作性的岗位技能。相对理论原创人才要求掌握系统的学科知识和坚实的理论知识，应用型本科人才更强调理论知识的应用，具有"应用性"特点。

概言之，在高等教育大众化阶段，高等学校人才培养趋多样化，少数传统重点大学主要培养学术型人才，高职院校主要培养技能型人才，大多数本科院校主要培养应用型人才，其人才培养规格也必然是多元化的。三类人才培养规格的特点如表1-2所示。

表1-2 三类人才培养规格特点比较

培养规格	学术型本科人才	应用型本科人才	技能型专科人才
知识	系统性、理论性	复合性、应用性	针对性、规范性
能力	思辨性、学术性	综合性、实践性	熟练性、操作性
素质	学术思维、批判意识	合作意识、踏实作风	吃苦、耐劳

（二）具有综合性、实践性的能力

在能力结构上，一般而言，对于以能力培养为本位的应用型人才而言，具有多层次、多元化、综合性的能力结构特点，包括社会能力、专业能力、创新能力、终身学习能力等，具体由大学专业教育的本质属性决定，其中运用专业的知识解决实际问题的能力是应用型人才的专业核心能力。

对于学术型人才而言，在理论研究的过程中，逻辑推理、分析归纳等能力是非常重要的。对于技能型人才而言，在实际生产过程中，要求他们操作规范、技术熟练。与学术型人才强调学术能力相比，应用型人才更强调实践动手能力，即具有良好的岗位适应能力以及解决实际问题的能力，此类人才具有鲜明的"实践性"特征；与技能型人才强调操作能力相比，应用型人才更强调岗位适应性和自主学习的能力，即不仅要具有胜任某种职业岗位的技能，而且要具有技术创新和技术开发的能力，具有突出的"综合性"特点。

（三）具有合作性、务实性的素质

对于具有创新潜力的应用型人才而言，要具备的素质一般包括思想道德素质、身心素质、科学文化素质和业务素质。其中思想道德素质是人的整体素质中的灵魂，对人的整体素质起着主导作用；身心素质是人的整体素质的根本，是进行工作学习的根本保证。科学文化素质是人才素质结构中的基础内容；业务素质是本色，是人才素质结构中的个性化内容。此外，现代社会、用人单位越来越重视学生的社会交往能力和团队合作精神。学会合作是应用型人才的必备品质，因为现代社会工作大多单靠个人的能力是无法完成的，都需要团队的合作。企业不单注重就业者的业务能力，更注重就业者的道德水平、敬业精神、能沉得下去的良好心态和交际沟通能力，因此学校能注重思想教育，帮助学生形成正确的价值观和人生观，提高自身修养，缩短进企业之后的不适应期，更快地融入新的企业文化。

四、应用型人才培养模式特征

无论何种教育，必有与其相适应的培养模式。

应用型人才培养模式是在应用型人才培养理念指导下的关于人才培养的系统工程，充分体现着应用型本科人才培养的特征。应用型人才培养模式不同于学术型和技能型的人才培养模式，三种培养模式各自具有不同的侧重点，详见表1－3。①

表1－3　应用型人才培养与研究型、技能型人才培养模式对比

项目	研究型大学	应用型大学	高职院校
培养目标	学术型人才	应用型人才	技能型人才
培养重点	理论研究	知识、素质能力并重	应用操作能力
培养体系	学科知识体系	学术性与职业性相结合、知行结合、通专结合	突出职业性教学体系
创新特点	研究性创新	应用性创新	技能性创新

按照人才培养的模式构成要素进行简单归类，应用型人才培养模式具有以下五种主要特征：

（一）培养定位侧重实用性

实用性是应用型人才培养模式最基本的、外显性的特征。当前在国内，高等院校立足地方、服务地方，构建服务型的高等教育体系培养实

---

① 古天龙，魏银霞，郭庆．工程应用型人才培养模式［M］．北京：电子工业出版社，2012.

用型人才，成为我国众多地方性本科院校的发展共识和人才培养的重要目标定位。

应用型人才培养模式的核心，就是把实用作为培养人才的基本准则，坚持学校教育要与生产劳动相结合、与社会实践相结合，强调校企合作的人才培养途径，强调使学生的学、练、思、行相结合，知行合一、双核协同，将其培养成为应用开发型高层次技术人才。知行合一指坚持理论与实践相结合、产学研相结合的培养路径和方法。双核协同指专业核心课程优化和专业核心技能培养协同，使学生在知识与技能方面协同发展。

（二）专业设置突出应用性

以应用型人才培养为主要目标的地方普通本科院校，培养的学生是要面向生产一线的应用型人才，为行业和产业服务，强调学生的适应社会能力，注重学生良好职业素质的培养。因此，在专业布局结构上，应用型的专业是地方本科院校设置专业的主体部分，例如教育类、经管类、新闻类、理工类等专业都是应用性较强的专业；而数学、物理学、哲学、历史学等学术型专业设置极少，即使开设了一些学术型专业，也往往会通过专业方向或专业模块的形式，对其进行应用型改造，以适应社会生产一线的现实需要。

以行业需求为导向设置专业。应用型本科院校的专业设置要符合区域经济发展的需要，科学布局、合理设置，为地方经济社会发展服务，培养地方经济社会发展急需的紧缺人才。从专业设置的视角研究人才培养模式，不仅是应用型本科人才培养模式构建与改革中成果最丰富的一种实践探索与改革的视角，也是学校人才培养模式总体设计得以实施的载体。一些高校在学校层面构建了"公共基础平台 + 专业基础平台 + 专业模块"的人才培养模式，学生可以对不同的专业进行自由选择。

（三）培养目标体现能力性

应用型高等教育以本科层次的教育为主体，兼顾其他层次的高等教育，包括专业硕士和专业博士。我国应用型高校在表达自己的办学目标时基本上都表达为"培养为地方经济社会发展服务的高级专门人才"。

相对于系统、完整的学科知识体系，应用型人才培养模式更加关注学生能力的培养，因此，能力化是应用型人才培养目标的定向。随着社会进步和经济发展，人才培养的能力化特征越来越突显，"以能力为核心"的人才培养模式越来越受到重视和推崇。因此，应用型定位为主的地方普通本科高校构建应用型本科人才培养模式就是要突出应用型人才能力的基本要求。

（四）人才培养体系呈现双重性

应用型人才培养体系与传统本科人才培养有所不同，在培养体系（课程体现）上往往体现出双重性的特征。一些应用型高校构建了"平台＋模块"的课程结构，必修课由公共基础平台、学科基础平台、专业基础平台三个层次不同但相互联系、逐层递进的平台构成，选修课由多个相互独立、知识体系完整的专业方向模块和能够满足学生个性化需要的选修课程群构成。学校实行大类招生，学生进校后先不分专业，两年后按照"志愿＋考核"的原则，在相应的学院或学科内自主选择专业，实现第一次分流；学生在完成专业基础平台课程学习后，根据自己的志愿选择专业方向，实现第二次分流。另有一些高校实施"专业＋特色"的应用型本科人才培养模式，即在教学计划中设置充分体现专业特色和知识复合的若干个课程模块，学生在高年级时可以根据自己的特长、兴趣爱好和就业去向任选其中一个课程模块。一些高校提出的"两平台＋多方向"的人才培养模式，两平台是指公共课程和学科课程；多方向，是指设置多个专业方向，通过专业理论和专业实践教学，着重培养学生的实践能力。一些高等学校提出"科学与人文相结合"的应用型本科人才培养模式。一些高校则根据通识教育与专业教育课程相结合的方式，对全校学生进行基本素质养成的培养、基础知识的教育和基本技能的训练。另有一些高校则构建了"平台＋模块"的人才培养体系，"平台"指"公共基础平台课程"和"学科基础平台课程"；"模块"指"专业方向模块"。"公共基础平台课程"是全校学生公共必修课程，"学科基础平台课程"是同一学科内所有专业学生的必修课程，这两个平台体现了人才培养的基本规格和全面发展的共性要求；"专业方向模块"的课程是根据社会行业专业分工和专业发展趋势灵活设置的，解决不断变化的社会分工和岗位需求的问题，有利于为社会提供一线的实用型人才，模块化设计赋予了学生的选择权，满足了学生的个性发展要求。

（五）培养途径强调实践性

不同类型的知识、能力和素质的人才培养规格需要有相匹配的培养过程。应用型人才的基本特征是面向生产实际，这就决定了培养应用型人才要强化产学合作，强化与一线生产实践的结合，重视实践教学。应用型人才在培养途径上遵循实践性的原则，突出实践性教学，以突出实践应用能力培养的实践性教学贯穿于整个教学体系。主要体现有：一是实施学校与企业交替培养，校内实践教学与校外实践有机融合，构建完善的实践教学体系；二是强化项目化教学，紧密结合企业生产活动，以项目设计为核心进行课程设计，创新教学内容和形式；三是理论教学（T）、实践教学（P）、课外活动（E）三者有机结合的 TPE 综合培养，分别设置相应的学分，将第二课堂学分化，纳入教学计划；四是订单式培养模式，实施学工交替、产学合作等。

五、应用型高等教育本质属性

高等教育的本质属性，旨在回答"培养什么样的人"这个问题，该问题主要包含培养人才的层次和规格标准。层次是人才培养的基本指向，规格标准是培养目标的具体体现。如果人才培养的层次和规格标准不明晰，教育教学活动就没有依据，人才培养便是无的之矢。

（一）应用型本科教育的层次划分

应用型本科教育的层次属性在很长时间里都是人们困惑的问题，有人简单地认为应用型本科是学术型本科与职业教育的中间层次，这种观点显然是错误的。这里所指的层次属性，不是指学位授予权的层次，而是指质量水平和能力水平的高低。从学历学位角度来看，应用型本科教育无疑属于本科层次教育，与学术型本科处于同一层次。

从国内来看，有一种观点将应用型本科教育视为学术型本科人才培养质量的较低层次，或者是高职教育人才培养质量的加强版。这主要是因为，在前几十年，我国学位授予权层次主要基于质量对学校进行"985 大学""211 高校"、地方重点高校、地方普通高校的分类。本科培养入学成绩高的学生，专科培养入学成绩低的学生。本科培养的人才水平高，专科培养的人才水平低。该分类既是学位授予权层次的分类，也同时是人才培养质量层次的分类。而应用型人才培养的概念一经提出，许多民办高校和新建本科院校由于没有路径依赖和惯性的影响，率先进行了应用型院校建设和创新，从而形成了在应用型人才培养方面地方高校和民办学校占比更大的局面。又因为地方高校往往没有"211""985"高校的人才培养水平，因此进一步加深了人们的固化印象：学术型本科人才在质量和能力层次上最高，高职培养的人才水平最低，应用型人才质量介于两者之间。改变这种固化的印象需要很长的时间。①

从国际上来看，应用型和职业型人才也可以由本科教育进行培养，学术型、应用型和职业型在培养质量和能力水平上无差地处于同一层次。《国际教育标准分类》（1997 年版）把第 5 级分为 5A1、5A2 和 5B 三种类型，分别对应于我国的研究型本科、应用型本科和高职，显然，研究型本科、应用型本科和高职属于同一教育层次（5A）。学术型本科与应用型本科最根本的区别在于研究型本科按学科设置专业，重在培养发现客观规律的研究型人才，应用型本科则根据行业设置专业，重在培养运用客观规律改造世界的人才。

因此，要提升应用型人才培养的层次和质量，既需要原 "211" "985" 高校和 "双一流" 高校从学位授予层次上打通本科、硕士、博士学位授权通道，通过培养出高质量的应用型本科、硕士、博士的人才，反过来推进应用型本科教育；也需要大量的地方普通本科高校进行应用型转型和综合改革。

（二）应用型人才培养需求的规格

应用型人才是一种新的人才类型，其培养规格可以从以下几个方面分析：

从培养单位类型看，目前定位为应用型的高校，虽然以新建的本科院校和民办高校为多数，但 "双一流" 高校、原 "985 大学"、原 "211 高校" 和地方重点高校都可以培养应用型人才。实际上，工程类的原 "985 大学"、原 "211 高校" 培养出来的强调应用的汽车、电子、土木工程等专业的人才，与应用型人才的规格非常接近，其培养的专业

---

① 陈蕾，李建启. 我国应用型本科教育的培养规格与培养模式 [J]. 黑龙江高教研究，2014（5）.

学位研究生都属于应用型人才；其中一些高校培养的翻译人才，也是应用型人才。

从专业设置上看，应用型本科院校根据社会需要设置专业，培养运用客观规律改造世界的应用型人才。

从师资队伍的类型看，培养应用型人才需要双师型的师资队伍，既需要精通理论教学的教师，从学科体系中凝练出主干课程，以培养学生的理论水平；也需要具有行业背景、了解行业发展问题和解决方法的师资进行实践课程体系的建设，以培养学生解决实际问题的能力和适应未来行业发展的能力。

（三）应用型人才的职业归属

从职业发展的地域归属上来看，应用型本科教育培养出来的人才，职业发展归属地点上不应该局限于国家、区域，而应该具有普适性。例如，外语院校培养出来的应用型人才，要与目的语言国语言的使用相适应，具有国际视野、国家意识和民族情怀。

从职业发展的行业归属来看，在现阶段为了解决人才培养的同质化问题和重学术轻实用的问题，可以强调和提倡教育与企业紧密联系，以促进产学研融合，为培养应用型人才奠定基础。但是，从长远来看，职业发展设计上不应该让学生培养过分服务于特定企业的需要，而要促进行业整体发展。其原因主要是特定企业的寿命有限，尤其是一些新兴行业相关企业的寿命非常短，从学生终身发展来看，可能需要变更多个企业。因此，外语类应用型人才的培养，要与语言行业、汽车行业、商贸行业和旅游行业相结合，但不宜过于强调对企业的归属，从总体上提高其适应性，降低地域归属和行业归属性。

第二章

中外应用型人才培养模式

第一节　国外应用型人才培养模式

应用型本科教育是高等教育深化改革的结果，是高等教育模式分化的成果，它顺应了"教育—科技—经济—社会"一体化发展的趋势，是高等教育适应现代科学技术发展与经济社会进步的客观需要。目前，在高等教育普及化和深化改革的今天，我国应用型高等教育的发展正面临着新的挑战和机遇。因此，研究德、美、日、英等发达国家的应用型人才培养模式，结合我国国情、教育体制和经济社会发展等特点，对于探究适合我国国情的应用型高等教育发展模式，具有重要的借鉴意义。

一、德国模式

"双元制"是德国人才培养模式的典型特征，对世界高等教育改革有很大影响，其中德国应用技术大学（FH）的"双元制"应用型人才培养模式非常典型，举世闻名。

（一）应用型人才培养目标

德国非常重视应用型人才的培养，在培养应用型人才方面，突出培养学生的维修、操作、应用等实践能力。如应用技术大学把人才培养目标定位于"通过对学生进行必要的基础理论教育和充分的职业训练，使其成为在某一领域能够独立从事职业活动的中高级技术人才"，要求学生达到以下具体目标：一是能够运用理论、采用科学的方法，解决来自生产和生活实际中的具体问题；二是能够利用已有的知识与能力完成新的技术开发项目；三是在技术性生产过程中，能够引进、优化和监控新方法、新工艺。

（二）"双元制"人才培养模式

1. "双元制"的内涵

德国的高校主要有三种类型：一是以培养科学后备力量为方向的综合大学；二是以培养大量具有解决生产中实际问题能力的专门人才为方向的应用技术大学（FH）；三是能发挥个人的创造性的艺术学院和音乐学院。

德国的"双元制"教育体制是战后德国经济腾飞的秘密武器，具有极强的针对性和实用性。德国《高等教育法》明确规定，应用型本科高校的基本任务是对学生进行理论与实际相结合的教育，要求学生具有使用科学知识、方法或艺术创造的能力。所谓"双元制"，就是德国国家立法支持的，由校企合作共建的一种办学制度。整个人才培养过程同时在企业和学校进行，学校的理论教学与企业实践密切结合，该培养模式具有同生产结合紧密、企业参与广泛、教育形式和途径广泛而互通、培训与岗位证书考核分离等特点。德国"双元制"应用型人才培养模式实现了理论与实践的深度融合、学校与企业的完美对接，使学校和企业实现了双赢，得到可持续发展，更重要的是为学生今后的职业生涯做好了充分的准备。

应用技术大学是德国培养应用型本科人才的主体。应用技术大学以社会需求为导向，以培养学生的实际操作能力为目标，并充分体现在课程设计上，注重学生社会适应能力、就业竞争能力及发现、分析并解决问题的能力等一系列应用型人才应具备的核心应用型能力的培养。应用技术大学为德国培养出大约 67% 以上的工程师，50% 以上的企业经济师和信息技术人才，毕业生的就业率普遍高于其他类型高校。①

德国的应用技术大学与综合大学最大的不同在于更重视实践教学和学生应用性实践能力的培养。其课程设置和内容除开设必要的基础理论外，开设大量具有实用性的课程，校企紧密合作培训学生职业技能。为确保实践教学质量，保证所培养学生具备解决实际问题的应用性实践能力，双元制还设计了独立、公正、权威的第三方考核系统，学生大学毕业前必须分阶段通过第三方考核系统的考试才能获得职业资格证书。

2. "双元制"的特征

近年来，许多已取得大学入学资格的学生接受双元制职业培训，希望在大学毕业之前获得充分的职业经历和经验。

"双元制"是一种直接通向生产岗位的教育，强调培养学生的操作技能和实践能力，具有强烈的实用性、岗位性、技能性。"双元制"的人才培养模式学制一般为三年。第一学年主要进行基础理论教育，学生集中学习通识课程和职业基础理论课程。第一学年学习结束后，学生要对未来的职业意愿做出选择，并以此为依据确定之后的学习内容。第二学年学生进入自己意愿选择的职业领域进行专业的实践训练。第三学年进行具体的针对特定职业岗位的深化训练。"双元制"缩短了学校育人

---

① 郁玉环，姬潮心 . 国外应用型本科人才培养模式对我国财务管理专业的启示 [J] . 科技创业月刊，2017，30（10）.

与企业用人之间的距离，学生具有学校学生和企业学徒双重身份。在整个学习和培训的过程中，有两个学习受训地点，即学校和企业。学生在学校学习专业理论和文化知识，在企业进行实践培训，学生在学校学习和在企业培训的时间比约为1∶4，其主要目的是通过大量的企业培训，强化学生的动手能力，培养合格的实用人才。学生在不同的培训场所具有不同的身份，即在学校是学生、在企业是学徒。

"双元制"的人才培养模式拥有严格的教学评价体系，学生毕业必须通过两种不同类型的考试：一种是理论考试，由职业院校组织实施，主要考核学生基础知识和基本理论的掌握程度，考试形式包括笔试和口试，考试合格，由职业院校颁发毕业证书；另一种是技能考试，由行业协会组织实施，主要考核学生对企业培训的知识和技能的掌握程度，考试合格，由行业协会颁发关于技能考核合格的结业证书。学生通过这两类考试，获得两个证书：一个是由职业学校颁发的毕业证书；另一个是由行业协会颁发的通过相应职业培训而结业的技能证书。除了以上两个终结性考核外，学生还须参加中期考试，该考试不仅是对学生学习情况进行阶段性的检查，还有一个重要的目的，即通过考查学徒工的培训学习情况来检验企业培训计划的落实情况和效果。该中期考试是必须参加的，不参加中期考试不得参加结业考试；如果考试不通过，学生就不能继续后期的学习和培训，必须等到第二年补考通过才可以。这种教、考分离的考核方式和严格协作的管理机制，有效地保障了德国职业教育的质量。

（三）德国应用型人才培养的经验

德国的高等教育历史悠久，有500年以上历史的高校不在少数。

早期的德国高等教育是纯科学、无目的的研究和教学，培养的是少数社会精英。但随着社会科技的飞速发展，早期的教学理念已经不能适应社会的发展。1968年10月31日，德国各州州长签订了共同建立应用技术大学的协议。从此，应用技术大学开始蓬勃发展，德国应用技术大学是应用型人才培养模式成功的典范，并且是德国成为世界工业强国的秘密武器。应用技术大学以其特有的专业性和实践性，与传统的学术型的高校共同构成了德国新的高等教育体系。

1. 面向社会结合当地经济发展设置专业

德国的应用技术大学一般是地方型高校，其办学宗旨就是培养应用型的人才，为地方的经济、社会发展服务，这些院校与当地的政府、行业和企业互动频繁，专业设置紧密结合当地经济发展所急需的人才。应用型技术大学的教学体系不是按照一般的学科体系进行划分的，而是按照职业进行划分的。德国的优势产业是汽车和机器制造业，因此德国很多的应用技术大学设置了与这些产业行业相匹配的专业，如机械设计和制造专业。近年来，随着科学技术的快速发展和经济全球化，出现了越来越多的专业复合、学科交叉的行业，因此，不少应用技术大学也设置了相应的复合型、学科交叉型专业，如经济工程学、经济信息学、经济法学等。这些专业的设置为区域经济科技发展提供了必要的应用型和复合型人才。

2. 重视学生学习过程中的实践训练

应用型技术大学都比较重视学生的社会实践，很多应用技术大学有明确的规定：新生入学前应到对口的企业去实习，熟悉企业、行业工作基本流程，加强对未来职业环境的认识。如在入学前未能完成的，入学后必须自行安排完成。应用型技术大学的实践教学时长要比综合性大学长得多，一般占30%左右，有的学校最长能达到50%以上。学生的实践分为基本实习训练和专业实习。基本实习训练在校内实习基地和校外的企业内进行，目的是了解所学专业的生产流程和生产工艺。专业实习是学习了专业知识以后在校外的企业内进行，目的是强化学生所学习的专业知识，将所学的知识应用于实践。

教学中的实践环节体现于应用技术大学教学的各个方面，如项目教学、毕业论文和学术旅行等。项目教学的设计选题来自企业的真实需求，学生在教师的指导下独立完成市场调研、方案设计、作品制作及展示的整个实践过程。毕业论文的选题要求大部分来自企业实习过程中的真实问题，写论文有针对性，一方面锻炼学生解决问题的能力，另一方面将所学的知识进一步用于实践。同时，学校采取积极措施，鼓励教授们利用假期组织学生进企业考察，或者举行学术旅行活动，以增强学生对实际工作环境和工作内容的了解，为以后工作打下扎实的基础。

3. 重视教师实践能力的培训

为了能够培养出高质量的应用型人才，德国的应用技术大学非常重视教师的培训。打造一支具有渊博的学识和较强的实践能力的教师队伍，是培养应用型人才的基础。一般来说，德国高校的教师在其职前或职中，必须到专业相应的企业进行实地观摩学习、考察或实践，以适应德国职业型教育的需求。"双赢"是校企合作的前提和基础。在教师实践能力培训过程中，企业虽然投入了相应的成本，却降低了聘用新员工的成本；同时，通过对教师的培训，从而培养出更加合格、更加符合企业需要的学生，也节省了企业培训新员工（大学培养的毕业生）的投入，企业也间接地获得了利益，因此，企业和高校是"双赢"的。这种"双元制"的教师培训模式，即"校企结合"的模式，是德国高校教师培训所采取的主要形式。德国高校技术应用型教师这种完善、有效的培训体系，得益于德国法律以及科学的管理体制的保障。德国有专门的管理机构负责组织和管理教师的培训，不仅如此，德国政府为了使教师培训得到保障，制定了专门的法律法规，通过法律形式要求教师必须定期或不定期地进行相应的职业培训，使教师队伍适应不断变化的国家政治与经济对人才培养的需求。

二、美国模式

美国人有着崇尚"实用主义"哲学理念的传统。早在 1904 年，威斯康星大学校长查理斯·范海斯就创造性地提出并实施了"威斯康星大学模式"，该模式的主要思想理念就是大学应服务于社会。从 19 世纪中期至 20 世纪中期，美国大学轰轰烈烈地开展了教学改革，期望通过改革使大学建立起完善的实践教学体系，使大学走出"知识象牙塔"，提高大学原本"促进学生个体发展"的责任，同时，增进其能够主动为地方社会或社区发展服务的能力。目前，美国的高校、政府与企业已经建立起了良性互动体系，高校根据经济发展、社会发展和市场需求，设置相应的学科专业，培养学生个体得到发展，同时能够更好地为社会、企业服务的应用型人才。

（一）大学的人才培养目标

美国大学对人才培养的目标主要体现在两个方面：一是对学生基本素质的要求，二是要符合美国高等教育的价值观。对学生素质的培养，美国尤其重视培养学生的综合适应能力。20 世纪末，美国的高校普遍调整了本科教育的目标，提出高等教育要注重培养学生的语言表达能力、对艺术的鉴赏能力和对科学的理解能力，为他们毕业后的工作和生活做好基础准备。对学生价值观的培养，美国则非常强调对学生的爱国主义精神和保障国土安全的意识和能力的培养。

美国高等教育有着较为清晰的层次和类型，不同层次和不同类型的高校其人才培养的目标、规格和标准不同。20 世纪 70 年代，美国的卡内基高等教育委员会发布了美国高校分类框架，框架根据授予学位的不同层次和专业设置情况将高校分为以下几种类型：有博士学位授予权的大学、有硕士学位授予权的大学、文理学院（本科层次）、社区学院（2 年制）和专业学院。2005 年，卡内基根据高等教育新的发展情况，对高校的分类又进行了调整，用"本科大学"代替了本科层次的文理学院，并赋予了本科大学以新的内涵，本科大学包括文理学院、多科性本科高校和其他以本科教育为主的高校。

本科层次大学、社区大学和专业学院等类型院校的主要职能是培养地方经济社会发展急需的应用型人才①。虽然都是培养应用型人才，培养目标比较相近，但是也有较为明显的区别。四年制的本科大学一般培养的是工程型、技术型的应用人才，2 年制社区大学和专业学院主要是培养生产、管理和服务一线的技能型和操作型的应用型人才。美国承担培养应用型人才任务的主要是技术学院、技术教育大学、社区学院、工程教育院校等院校。美国 1958 年通过的《国防教育法》规定：为满足国际竞争的需要，保证培训出质量上和数量上均适用的人才，授权美国联邦政府拨款，对州和地方以及个人提供实质援助，其中包括援助州和地方开展职业技术教育。2006 年修订的《帕金斯法》则强调加强中等和高等教育机构、雇主、工业伙伴之间的合作，规定学校可以根据所设专业的需要与有关企业签订合作合同，明确校企双方的权利与义务。

（二）"能力本位"应用型人才培养的特征

1. "能力本位"的内涵

无论是社区学院还是专业学院，他们都秉承着"能力本位"的教育思想培养应用型的人才。"能力本位"的教育就是从职业岗位的需要

---

① 杜才平. 美国高等院校应用型人才培养及其启示［J］. 教育研究与实验，2012（6）.

出发，以职业岗位所应具备的能力为依据，确定培养目标和规格，设计人才培养模式，确定教学内容、方法和过程，评估教学效果。如美国的财务管理专业就采取学历教育与执业资格教育（管理会计师CMA、财务管理师CFM认证考试）相结合的人才培养模式。"能力本位"的教育有效地缩小了应用型本科教育与经济发展的距离，提高了毕业生社会适用能力。

2. "能力本位"的特征

美国的高等院校非常注重办学特色，不同的高校结合自己的培养目标和办学条件实施不同的人才培养模式。

工学交替模式。辛辛那提大学1906年推出了"合作教育计划"，并逐步形成了工学交替的人才培养模式。该模式将学校里的课堂学习和在公共或私营机构中的工作经历结合起来，而学生的这些工作经历是有目的、有计划、有报酬的，而且在工作过程中是有督导的。学校鼓励并支持学生走出校门，到企业的现实工作岗位和工作环境中去获得基本技能，同时也增强了学生对相关职业方向的认同感和信心。

合作教育模式。该模式是相对于单一地由高校培养人才而言的。美国高校与企业、行业有着十分紧密的合作关系，高校服务经济社会发展的意识越来越强，发挥的作用也愈来愈突出。企业主动联系高校，通过合作教育以培养出能够满足企业需要的毕业生。在合作培养模式中，这些企业行业机构一般承担着见习、实习、实训等校外实践教学任务，旨在提高学生的实践应用能力。例如，波士顿的美术博物馆学院、塔夫茨大学和波士顿美术博物馆三家联合举办的美术学士学位，就是美国高校典型的合作培养模式，以培养掌握人文、社会科学和文化等多学科知识的从事艺术工作和教学的艺术家。攻读这一学位的学生在塔夫茨大学和美术博物馆学院同时注册，同时与波士顿美术博物馆合作，三家机构各自发挥优势培养学生。学位课程由学术课程和艺术实践学分两部分组成，塔夫茨大学负责开发和实施通识课程，专业见习和实习等实践教学环节由美术博物馆学院美术导师设计并对学生进行实践指导，波士顿美术博物馆接纳学生实习，并由馆内专业人员担任实践指导教师，凭借丰富的实践经验指导学生的实习实践。该项目的美术学士学位由塔夫茨大学颁发。

能力本位模式。美国社区学院和一些专业学院广泛采用能力本位模式来培养应用型人才。该模式的主要特征是以职业指向性和产业对接链为出发点，以职业（岗位）胜任能力为中心，注重对学生应用能力的培养。以实际工作流程相适应的职业能力为依据，将其转化为培养目标和规格，确定课程体系，制定学生能力开发和训练进程表，围绕能力培养开展教育教学活动，培养能够满足生产、管理和服务一线需要的技能和技术型人才。能力本位模式是一种比较实用、灵活、易于实行的人才培养模式。学生是整个职业（岗位）能力训练过程中的主体，考虑到学生基础参差不齐，学生学习的时间比较灵活，课程修习时间也可长可短，毕业时间也富有弹性，没有统一的规定。教师在整个教育教学过程中，是引导者、组织者和管理者。指导学生根据自身特点制定个性化的学习方案，帮助学生解决学习过程中的各种疑难问题，督促并指导学生进行职业能力训练，并依据标准对学生的各种能力进行考核、评价。

（三）美国应用型人才培养的经验

1. 专业设置有的放矢

美国的高校专业设置灵活，高校可以根据地方社会发展的实际需要自主设置专业，专业的自主设置可以方便高校根据经济发展的具体情况来设置或者取消专业，有利于更有效培养适合当地需要的应用型人才。美国一些高校为激发学生学习兴趣和促进学生个性化发展需要，允许学生在学校已设置的专业外提出、设计新的专业。如果一个学生对某一学校没有的专业有兴趣，可以提出申请，申请说明自己的兴趣，专业发展和个人设计专业的具体内容，然后等待审核与批准。设置个人专业在加州大学推行最为普遍。个人专业更重视和强调的是学生学习的自主性和创新性，更适应学生的发展。随着经济发展和科技进步，一些专业的界限会越来越淡化。

2. 对接岗位能力需求

美国应用型定位的院校突出强调职业（岗位）所需要的能力培养，从现实工作、职业、岗位出发，调研相关职业（岗位）需要什么样的能力。需要什么样的能力，就培养学生什么样的能力，构建能力结构，通过与企业、行业多种形式的合作，广泛而深度地参与高校人才培养，开设相关课程，建立实践教学体系，并进行相应的能力训练。

3. 鼓励学生参加社团活动和校外活动

美国大学非常重视社团建设和校外实践活动的开展，进行科学规划和设计。要求大学生除了课程学习外，还要根据个人兴趣和爱好，参加各种社团活动。通过参加活动，激发学生的创新精神，强化实践能力的培养。美国的高校还积极为学生搭建科研成果交流、发布的平台，有的高校有专门的发表本科生论文的期刊，经常举办学生科研成果的交流和庆祝活动，以及全国范围内学生科研学术年会，加强学术交流。

三、日本模式

日本应用型人才培养模式的特征是"产学官一体化"。该模式中的"产"是指"企业、产业界"，"学"是指"学术界"，"官"是指"政府"。

（一）应用型教育的发展历程

日本的应用型教育始于 20 世纪 40 年代后期，就其发展历程来看，大致可以分为以下三个阶段。

第一个阶段是 20 世纪 40 年代后期至 20 世纪 90 年代中期。"二战"后，日本受美国高等教育的影响，进行了全面的高等教育体制改革。其中一项重要内容就是加大与区域经济社会的联系，培养一大批能够适应地方经济社会发展和建设需要的应用型人才。为此，文部省按照一县一大学的原则，将各地的实业学校和专门学校合并并升格为地方国立本科大学。该类本科大学是日本应用型本科教育的初级阶段。从 50 年代到 60 年代，在日本经济快速增长的背景下，应用型本科教育的规模得到了历史性的扩大，培养了一大批当时行业产业发展急需的以工程技术人员为主的应用型人才。然而，在之后的几十年里直到 90 年代，受到美国大学通识教育的深刻影响，日本应用型本科教育开始强调专业基础理论和知识体系的习得，而非职业技能的训练。在该理念的影响下，高等教育人才培养与企业对人才的应用能力的要求形成了明显而直接的冲突，两者之间的矛盾也因此成了战后日本本科教育发展的主要问题。

第二个阶段是 20 世纪的 90 年代中期至 2003 年。如前所述，战后日本的大学比较注重专业基础理论的教育，因而职业应用技能的培养主要是在职后由企业实施。然而，到了 90 年代，日本的经济萧条，企业已无力投入更多的财力对新聘用的大学毕业生进行技能培训，企业需要高校培养毕业即能上岗、上岗即能使用的人才。产业界强烈要求高等教育改革，改变之前的通识教育模式，注重培养学生的应用能力和实际工作能力。在产业界的推动下，日本政府陆续颁布"科技立国"政策和《应用性基础技术振兴基本法》，推动大学尤其是应用型院校与企业的合作，极大提升了大学培养应用型人才的积极性和质量。

第三个阶段是 2003 年以后至今。经过上一阶段的教育改革，应用型人才培养的主体由职后的企业回归至职前的高校，岗位能力、应用能力的培养也因此成了应用型本科院校教育教学改革的核心内容。为了巩固改革成果，2003 年，文部省实施了"特色大学资助计划"，决定资助有特色的大学。该计划鼓励应用型院校围绕地方经济社会发展设置学科、专业，突出特色办学，深化教育教学改革，通过创新教学模式和方法来提高学生的动手能力和创新能力。"特色大学资助计划"是日本应用型本科教育改革的重要历史节点，打破了高校的趋同化办学，明确了应用型院校与研究型院校之间的界限，强化特色办学，使应用型院校不再向研究型院校看齐，不再盲目地追求综合化和尖端化，而是坚定不移地将应用型特色建设和应用型人才培养作为学校办学的核心任务和首要目标。

（二）日本应用型人才培养的经验

1. 突出地方特色和行业需求

日本的应用型本科院校大多是各府县地方的国立和私立大学，比较注重发挥其对行业与地方经济社会发展的服务功能，在学科与专业设置方面并不追求大而全的综合化发展，而是走少而精的发展道路。这些院校会根据地方产业发展需要设置学科、专业，并且时刻关注地方产业与行业结构的发展和变化情况，自觉、及时调整学科、专业结构，使之适应地方经济社会的发展。以长冈技术科学大学为例，该校 1976 年办学以来本科阶段只有工学部一个学科，研究生也只有工学研究科。本科设有机械创造工学、电气电子情报工学、物质材料工学、建筑工学、环境系统工学等课程，有针对性地为长冈市的生产制造业培养工学专门人才。2014 年，长冈技术科技大学成为文部省通过的重点发展"超级G30 计划"的 37 所大学之一。再如长野大学，坐落在长野县，是一所私立大学。由于医疗保健和旅游观光是长野县的支柱行业，因此该校立足于地方经济，充分利用当地的自然、经济环境优势，设有社会福祉学部、环境观光旅游学部、企业情报学部、产业社会学部，其中社会福祉学和环境观光学这两个学科是学校最主要的学科，学生数最多。长野大学的办学充分反映了该校应用型人才培养密切联系地区社会，突出地方特色与产业需求。

2. 重视综合能力的培养

现代科学技术呈现出高度分化又高度综合的特点，各学科之间的交叉、渗透和综合越来越强，实际工作岗位中所需要的专业技能具有复合性和交叉性。为了培养出能够满足现代职场工作需要的复合型、应用型人才，日本应用型本科院校在开展本学科专门知识教学的同时，也非常重视综合素质和多学科交叉复合能力的培养。例如丰桥技术科学大学实施的综合化自然科学教育就十分具有代表性。该校综合化自然科学教育打破传统的课程体系，突破了学科、专业界限，按照市场和用人单位的实际需要进行跨学科、跨专业的知识重组，从而开拓了许多综合性的交叉研究方向，如多媒体教育工学、机械材料工学、生产计划工学等。这些学科将自然科学、技术科学与社会科学有机融合，在培养学生多学科视野、提升学生综合素质和能力方面，起到了十分重要的促进作用。

3. 产学协作共同培养人才

日本应用型本科教育倡导产学协作，具体主要表现在两个方面。一是安排本科高年级学生进入企业进行长期的实务训练，训练时间一般长达半年。在企业实习训练中，企业会给学生安排具体的生产任务，让学生在真实的生产任务中切实体验生产责任，切实锻炼职业能力。二是鼓励学生与企业合作开展实践性课题研究。由于企业提供的技术课题大多源自前沿领域，是行业企业亟待解决的问题，研究难度相对较大，因此学生需要不断地加强业务学习，学会思考问题、学会团队合作，灵活运用掌握的各种知识去解决行业企业难题，通过不断的尝试积累经验，培养自己的实际工作能力，进而逐渐成长为合格的应用型专业人才。

4. 加强质量监控与管理

为了保障应用型人才的培养质量，日本应用型本科院校不断加强质量意识，强化质量管理，积极推进质量监控体系的建设。总体来看，当前日本应用型本科院校的教育质量基本上是通过内外两套质量监控系统来进行保障的，其中内部质量监控系统主要通过学校设置的评估机构或负责评估的委员会对各学科专业的教学情况和教学效果进行评估；外部监控系统的主要是通过大学基准协会评估以及 JABEE、ISO14001 进行专业评估认证。

四、英国模式

（一）应用型人才培养概况

英国的高等教育在世界上拥有很高的声誉。最初，应用型人才培养的任务是由众多科学技术学院承担，由于英国产校合作的传统以及高等教育体制改革的深入，后期越来越多的大学加入培养应用型人才的队伍中。英国的应用型院校非常重视实践教学，强化学生在社会和企业中实际经验的积累，以培养实践应用能力和岗位适应能力强的应用型人才。

英国应用型本科教育强调市场的调节作用，主要依托证书保障体系和工读交替模式，突出学生的技术应用与开发能力的培养，注重学生独立从事职业活动能力的培训与开发。英国通过立法确定校企合作培养应用型人才中的企业主体地位。英国政府还专门设立了职业教育基金会，设立专项经费保证职业教育经费。

（二）"三明治"人才培养模式

英国最典型的应用型人才培养模式是工读交替模式。工读交替就是学校教育与工作现场教学相结合。工读交替的现代应用型人才培养模式，是一种"理论—实践—理论"的人才培养模式，也称"三明治"模式（sandwichcourses）。根据企业所需要的专业技术能力来安排教学内容，将课堂教学和企业训练分段交替进行。该模式强调教学内容实用性，教学过程注重因材施教，满足学生多样化、个性化要求，使得培养过程具有较强的职业针对性，学生通过在校上课和到企业实习相互轮替的学习模式，达到以职业素质、综合应用能力为主的人才培养目标。

"三明治"的工读交替制一般需要4～5年，有"1＋2＋1"（或"1＋3＋1"）与"2＋1＋1"两种类型。"1＋2＋1"（或"1＋3＋1"）是指第1年在企业顶岗工作，然后用2～3年时间回到学校学习理论知识，提高水平，最后1年再到企业顶岗工作，使理论与实践相结合。"2＋1＋1"是指前2年在学校学习基础理论知识，第3年到企业顶岗工作，通过实践理解所学理论知识，第4年再回学校提高理论水平。通过工读交替，使学生对职业需求与职业应用能力有了充分了解，从而更加重视理论学习与专业技能训练。为保证人才培养质量，英国建立了完整的职业资格证书体系与严格标准的资格认证制度，应用型高校毕业生需通过英国统一的国家职业资格证书考试，才能得到社会的认可。

（三）英国应用型人才培养的经验

1. 校企在合作中双赢

第二次世界大战后英国政府意识到应用型人才对于国家发展的重要性，采取措施促进大学进行人才培养机制改革，推动大学与社会的联系、人才培养与就业的联系。大学与企业的合作最重要的基础就是双赢。英国的"三明治"人才培养模式得到企业、学校和学生的高度认可，因为学校和企业在合作中双赢，促进了人才培养质量的提高。学生的实习工作时间相对集中且相对较长，便于管理，更利于系统的实践应用能力培养和训练。学生在企业实践活动中强化、应用所学的理论和知识，企业可以从实习学生中选择优秀的未来员工，并且可以减少员工的前期培训。为了保障校企合作机制有效运行，英国高校注重质量评估体系的建设，从而有效保障应用型人才培养的质量。

2. 实践教学采取职业资格证书制

为了促进高校的实践教学与社会经济发展、生产实践紧密结合，英国建立了包括国家职业资格证书、国家通用职业资格证书和普通教育证书在内的体系完整的证书体系，各证书之间可以认证互换。这种资格证书体系的建立对于高校培养应用型人才有着重大的促进作用。通过资格证书促进并检验学生的实践能力和创造能力。英国的以资格证书为中心的实践教学模式具有以下特点：一是以能力为基础。"国家职业资格"的认定就是以能力为基础；二是强调在做中学。为了获取国家职业资格，学生在学习过程中势必自觉自主地加强训练，提升动手操作能力，在做中学；三是实践教学评定注重实际工作效果。英国高校的实践教学成绩评定是以国家职业资格标准而评定，而国家资格证书关注的是实际工作效果，因此实践教学的评价体系也比较科学。

五、国外应用型人才培养模式的启示

（一）人才培养与时俱进

现代社会对人才的需求是随社会发展变化的，也是多规格、多层次的。高校人才培养的基本任务之一就是使学生具有较强的适应性，即能够适应不断变化的社会工作的需要。随着经济社会的发展，社会对具有较强实践能力的应用型人才的需求也越来越大。高校应积极主动地加强与企业的联系与合作，顺应时代的进步和社会的发展，关注了解行业发展动态，了解行业对人才规格的要求，从素质培养、知识结构、能力结构等多角度出发，针对相关行业对应用型人才规格的侧重点和要求，建立相应的应用型人才培养目标体系。各专业要深入市场做好调研，科学地把握经济社会发展对相关专业人才的动态要求，与时俱进调整培养模式和培养规格，配套宽松的教学改革机制，培养出能够适应社会需求的应用型人才。

（二）产学研相结合

积极开展校企共同参与合作的产学研相结合的人才培养模式是培养应用型人才的良策。由于缺乏相关政策支持和法律保障，与国外的应用型人才培养模式相比，我国目前的校企合作开展还不够全面、深入，还不能完全满足高素质应用型人才培养的需要。分析其问题的主要原因在于高校与企业之间的合作还不够紧密和协调，具体主要表现为产学研合作链存在着脱节现象：高校负责教学环节，企业负责实习实践环节，两者之间缺乏紧密的衔接和有效的配合。要改变这一现状，政府应当尽快出台校企合作办学的相应政策，调动企业参与人才培养的积极性，主动采取相应的措施，积极主动地与高校联系，加强校企合作实习实训基地的建设，建立长期产学研项目对接平台或创办校办企业。为了增强企业参与合作的积极性，高校应积极开展应用科技研究的合作，在人才提供、技术支持等方面有针对性地为企业提供服务，解决企业迫切需要解决的技术难题。

（三）加强师资队伍建设

建设一支既懂理论能够进行专业理论教学，又有实践经验具备指导实践能力的双师型教师队伍是应用型人才培养的重要条件和前提之一。在双师型教师队伍的建设上，可以借鉴国外一些高校的做法。在双师型教师引进方面，招聘的教师要求其有 5 年的相关领域实际工作经验，或者直接吸收企业具有 5 年以上实践经验的高级专业技术人员做兼职教师，以进一步改善师资来源结构，有效保证应用型人才培养目标得以实现；在双师型教师培养方面，拓展渠道，在时间等方面创造宽松条件，让中青年教师到企业从事生产管理及工程技术工作，切实提高教师自身的综合素质和实践应用能力。注重学科团队建设，培养和引进学科带头人和中青年学术骨干，搭建学科梯队，为应用型人才培养提供坚实的师资力量。

（四）强化创新思维和创新能力的培养

对于创新思维和创新能力培养，有人认为只有研究型大学才有资格和能力把学生培养成创新型人才，应用型院校培养的人不需要创新思维和创新能力。事实上，这种观点是错误的，创新能力不是研究型大学的专利。不同层次、不同类型的人才都需要具有创新意识、创新精神，都需要培养和锻炼他们的创新能力。因此，创新型人才也是有许多类型的：有学术型创新人才，也有应用型创新人才；有杰出的创新人才，也有一般的创新人才；有初级、中级，也有高级创新人才。①

我国应用型院校培养的应用型人才，是以实践应用能力为本的专业型人才。为了能够保证应用型人才在分析、处理和解决实际问题过程中应用能力的创造性和持久性，创新能力的培养尤为重要，对于应用型人才而言，创新能力的培养最终是为应用能力培养服务的。

打好理论基础是具有创新能力的应用型人才培养的基础和前提。然而有人认为，应用型人才培养只要提高学生动手能力就行，事实上，这

---

① 杨春春，刘俊萍．中外应用型本科教育人才培养模式比较研究［J］．南京工程学院学报（社会科学版），2007（3）.

是一种十分片面、错误的观点，持这种观点的人往往把"应用能力"与"理论知识"对立起来了，只强调"应用型"，而忽视本科教育理论学习的重要性。因此，我国一些应用型院校在应用型人才培养过程中有这样一个倾向：轻视理论，片面地追求"上手快、适应快"。事实上，应用型人才应该兼具"厚基础"和"强能力"，两者并不是矛盾的，而是相互促进。应用能力、实践技能对于应用型人才而言非常重要，但这些能力的培养必须以学科理论和知识体系为基础，只有"厚基础"才能使这些能力更具灵活性和创新性。因此，应用型人才必须是全面发展的人才。正是基于此理念，德国、美国、日本、英国的应用型本科院校都十分重视通识课程的教育，同时强调学生的探究性学习和自主性学习，注重学生科研项目训练，目的就是夯实基础，使应用型人才在未来从事生产活动和职业发展具有后劲。

（五）高校与地方政府、企业、产业、行业合作育人

培养应用型人才就要改变传统的由学校单方面进行人才培养的旧模式，走"校企合作""产学研协同"的培养道路。应用型人才的培养受经济社会发展需求的制约，因此要培养应用型人才，就应密切关注经济社会发展的需要和趋势，加强与地方政府、企业、产业、行业的互动合作。创建由高校、地方政府、企业、产业、行业单位组成的应用型人才培养合作和指导机构，共同讨论并制定应用型人才培养目标和培养规格，共同参与应用型人才培养全过程的实施，包括人才培养质量的评价。高校要与企业、产业、行业单位共同建设实践教学基地，改革实践教学体系和模式，让学生深入企业、产业、行业进行学习，在真实的职业环境中充分了解企业、产业、行业对人才的知识、能力和素质方面的要求，提高学生的职业适应能力和实践创新能力，同时也为学生就业创业奠定基础。为了能够促进多方协作合作顺利，高校应积极搭建合作平

台，创设协调机制，充分调动企业、产业、行业单位积极性；高校还应按照企业、行业需求确定人才培养规格，设置课程体系，使大学的教育教学活动紧紧连接市场；而企业、产业、行业主动参与到大学的教学活动中，培养自己需要、满意的人才，最终达到高校与企业、产业、行业间的良性互动。需要注意的是，在强化实践教学的同时，高校应加强开展应用学科建设，加大应用性科学研究力度，开展产学研合作，探索校企合作新模式，助推地方产业转型升级，在服务地方经济社会发展过程中培养应用型人才。

（六）优化教学内容，强化实践教学

应用型人才的培养要以行业需求和发展为导向，以应用型人才培养的目标定位和规格要求为核心，构建理论与实践、课内和课外为一体的课程体系，优化教学内容，突出针对性。在课程体系和教学内容的构建方面，应从应用型人才的知识结构、能力结构和素质结构三个方面考虑：在知识结构方面，课程体系和教学内容要能够使学生具有宽广的科学文化知识，掌握较为扎实的基础知识，体现应用型人才的"复合性"。但需要注意的是，虽然应用型人才要"厚基础"，但要避免过多强调教学内容的学术性，虽然应用型人才要"善创新"，但要避免片面地强调理论知识的系统性。在能力结构方面，注重培养学生的实践应用能力、岗位适应能力和创新能力，体现应用型人才的"应用性"；在素质结构方面，要注重培养学生良好的道德素质、文化素质和身心素质，体现"全面性"。

应用型人才无论是知识结构、能力结构还是素质结构的培养，都离不开实践教学。知识需要在实践中积累和应用，能力更需要在实践中锻炼，素质需要在实践中培养。因此，应用型院校应加大实践教学力度，构建以能力为本位、以就业为导向、以应用为目的的实践教学体系，提

高实践教学质量，提升应用型人才培养能力。一方面，根据人才培养目标和规格要求，整合实验课程，建立以综合性、设计性实验为主的实验教学体系。合理设计科研训练、学科竞赛、见习、实验、实训、实习、毕业论文（设计）等实践教学环节。更新优化实践教学内容，不断完善由基本技能、专业技能、职业技能、科技创新技能、综合技能等训练模块组成的实践教学体系。另一方面，要将课外活动纳入人才培养方案，并赋予学分。要高度重视课外活动在巩固学生知识、锻炼学生能力、提高学生综合素质中的重要作用，将课堂延伸至课堂外和校园外，紧密衔接，使课内教学和课外活动相互补充、相互协调、有机结合①。为了能够保障实践教学质量，要建立起完善的实践教学质量评价体系，对实践教学目标、设计、实施和效果进行评价，并通过完善的反馈机制，不断调整并完善实践教学体系，切实保障应用型人才培养的质量。

第二节　我国应用型人才培养模式

随着经济发展水平迅速提高和我国高等教育进入大众化，部分原有的大学开始探索从学术型向应用型转变，一批新建本科院校和民办高校一开始就定位在应用型院校，于是，高等教育界形成了一股研究与实践应用型人才培养模式的热潮，出现了符合各校特色的多样化的应用型人才培养模式。

---

① 姜运生．地方院校应用型本科人才培养模式研究与实践［D］．长春：东北师范大学，2006．

一、"校企合作"模式

"校企合作"人才培养模式是高校和一个或多个企业联合培养具有应用型特色人才的一种模式。采用生产、教学两条线合一的培养方式，形成渗透人才培养各种要素，涵盖人才培养所有过程，具有企业全程参与、产学深度合作特点的人才培养模式。

这种模式，学校提供场地，企业投入设备，共建具有生产与教学两种功能的"教学工厂"，既是生产基地，又是实习实训基地。企业不仅为学校提供先进的仪器设备，同时提供技术支持，为师生开展技术培训，行业专家和企业资深工程师担任部分专业课程，实习实训采取"双指导制"、毕业设计（论文）采取"双导师制"。在校企合作过程中，高校与企业联合开展科研研究，针对企业的技术问题共同攻关，高校的科技成果优先转化到合作企业，实现校企共赢。有的高校还共同建立新专业，开设教改实验班，建立生产工厂或车间，形成了多元化、多样性的校企合作模式。

为了落实校企合作，校企双方共同组成董事会或合作教育管理委员会，定期召开会议，具体商讨合作教育的工作和问题。

校企合作提高了人才培养质量，毕业生能做到懂理论、能实践、敢创新、善创业，提高了社会对毕业生的认可度和用人单位的满意度。

二、"产学研一体化"模式

"产学研一体化"人才培养模式是指将生产、学习和科研结合在一起的人才培养模式。事实上，"产学研一体化"模式与"校企合作"模式在人才培养的理念与做法上有相似之处，但二者最大的不同在于对科研的重视程度。"产学研一体化"模式除了注重理论与实践的结合外，还非常注重研究能力的培养。研究成果向实践领域的转化需要实践领域人员具有研究能力，而在生产过程中承担具体转化任务的大部分是应用型人才，因此，应用型人才也需要具备研究能力。

近年来我国地方高校越来越多地在学校和部分学科专业上采用此种模式并取得了良好的人才培养效果。这种模式的优势在于可以把学校和企业或科研单位优质的教育资源结合起来，使学生既在学校学习到先进的理论知识，又在企业或科研单位得到实践锻炼。该模式在一定程度上弥补了一些地方应用型院校只注重理论教学、忽视实践锻炼的不足。虽然此模式对应用型人才培养有很大的益处，但其在实施上也存在着较大的难度，主要有以下几个方面的原因。一是学校与企业合作的稳定性和深入性不够。企业的最终目的是赚取利益，因此其对人才的培养不是义务劳动，而是为了企业的利益。然而企业在接纳高校实习生的过程中，增加了额外的人力成本，有些学校在与企业关于学生实习的环节出现了合作困难。二是学校理论知识与企业生产实践的脱节。知识日新月异，科技创新层出不穷，与之相对照的是学校的课程安排与教学计划的滞后，此类问题不仅仅存在于"产学研一体化"模式，任何一种强调理论与实践结合的人才培养模式都会遇到此类问题。三是理论基础和理论知识的深度广度难于掌握，需要不断研究与实践。尽管如此，"产学研一体化"模式是最为贴近和实现创新驱动的人才培养模式。

三、"嵌入式"模式

"嵌入式"人才培养模式的原理来源于"嵌入式"系统。"嵌入式"系统在制造、通信、医学等方面应用极其广泛，被公认为未来电子信息技术重点发展方向之一。"嵌入式"的人才培养模式主要包括单向嵌入式和双向嵌入式。单向嵌入式，即企业根据自身需要，以校企合作的形式将功能性需求嵌入到学校的人才培养过程中去；双向嵌入式，是校企双方通过合作，将各自的功能性需求积极主动地嵌入到对方，从而实现功能性互补。这种方式的优点在于：第一，不打乱正常的教学计划；第二，满足了企业或用人单位对人才在知识、技能和素质方面的具体要求。但是"嵌入式"人才培养模式也暴露出了一些缺陷和不足。首先，"嵌入式"模式缺乏有效的整体培养人才的思路。虽然以"嵌入"的形式表面上看起来没有破坏原有教学计划，但事实上加入进来的内容会使原本保持和谐的有规律的计划变得衔接不紧，在一定程度上阻碍了学生的"吸收"进程。其次，在企业参与教学计划制订和确定将嵌入的课程纳入教学计划的情形中，通常企业占据主动和优势，这是一种不正常的状态。原因在于：学校是在校学生学习成长的主要场所，学校的教学计划有传统的精华，暗含着学校教学文化及底蕴，学校在培养人才方面的专业性毋庸置疑，而企业的角色应是辅佐学校帮助学生更好更快地提高自身能力，而不是一味为了企业用人利益而主导该模式的话语权[①]。

四、"订单式"模式

"订单式"人才培养模式是指企业按其需要，根据其发展规模和人才素质需要，预测人才需求量和人才规格需求，向学校"下订单"，学校根据"订单"组织人才培养工作。"订单式"人才培养模式在高职教育领域有着成熟的运行范式：第一种是学生在入校时就与企业签订培养协议，人才培养方案和学习计划按照企业要求进行；第二种是在学生完成第一年的学习后，与企业签订培养协议，并按照企业要求

---

① 孔苏. 地方本科高校转型发展背景下应用型人才培养模式研究［D］. 南宁：广西师范学院，2015.

调整后续两年的教学计划；第三种是学生在完成第二年的学习后，与企业签订培养协议，在最后一年完成企业需要的专业课程辅修和职业实践学习。

这种人才培养模式为学校解决了就业率偏低的难题、为大部分学生解决了就业的困扰，同时也为企业提供了符合企业需求的人才，可以说是一种"三方共赢"模式。但此种优势突出的模式，其问题也表现得十分明显。首先，学生并不是简单意义上的"产品"，学生具有主观能动性和理性思维，这就使得"订单式"培养不仅仅是企业与学校的双向互动，而是变成了三方选择。因此，学生在接受企业培养或放弃企业培养的选择自主性上弹性不足，常常出现约定好的人才供给与企业要求的间隙。其次，在合作制订教学计划环节中，教学的客观规律与企业用人要求间的矛盾显著。学校是专门培养人才的场所，其人才培养的专业性与特殊性要求教育专业人士负责，企业一定程度上的参与可以弥补人才培养计划中的不足，但以"订单"形式为企业调整甚至修改教学计划，有些矫枉过正，这既违背了教育培养人才的客观规律，同时也使学校丧失了在人才培养上的主导地位。最后，教师很难按照企业的要求开展教学活动。企业一般要求学生进企就能上岗，但若要实现此种愿望，必须在日常教学中融入企业特别是订单企业的部分工作内容，这是高校传统普通任课教师很难做到的。

五、"多元混合"模式[①]

在探索应用型人才培养过程中，有的高校针对社会对人才的多样化的需求、不同学科专业多样化的培养目标和不同学生多样化的个性追

---

① 刘勇兵、张德江等，应用型人才培养模式改革与实践［M］．北京：高等教育出版社，2012.

求，提出了应用型人才多元模式培养的改革和探索。一所高校在不同学科专业和不同学生群体采用不同的培养模式。每一种模式，其培养方案、培养方式、课程体系和培养对象各有侧重，各具特色。应用型人才这种多元培养模式，适应了社会需求，专业培养特色更鲜明，学生个性发展有了更多机会，培养质量得到了提高。除了上面提到的几种模式外，常见的还有以下模式：

知识复合型。吉外的双外语专业就是这种培养模式。一般高校是通过跨专业选课、辅修专业、二学位专业或双学位专业等方式对学生进行复合式培养。学生不仅做到知识的复合，更能融合不同学科之间优势，实现科学精神和人文素质的有机结合。

特长型。学生根据自己的特长、兴趣和志向，侧重在自己的优势方面进行一项或多项学习或技能训练。学校通过组织特长班、实验班、开放实验室、学生社团、组织课外各种学科竞赛、参加教师科研等活动，为学生锻炼和展示自己的特长提供舞台。这样，学生毕业后既有专业知识，又有相应的特长，提高了学生就业时的竞争力。

创业型。学生根据自己职业规划初步确定的毕业后就业职业意向的情况，选修相应课程，参加就业模拟或真实的创业活动，组建和管理模拟公司，参加相应职业培训、认证和资格考试。这样，在校期间积累了一定的创业经验和技能，为毕业就业创业做好了充分准备。

国际型。外语、国际经济与贸易、金融学等专业，毕业生主要面向外资企业、合资企业或出国工作学习。通过开设或强化外语应用课程，安排半年或一年时间到国内的外资企业或国外的企业、高校进行专业实习或语言实习。

应用研究型。有的应用型人才培养专业，学生入学分数高、基础好，毕业后主要面向生产一线，从事产品开发和研究等技术性工作。通过适当加强技术基础课程，不断更新工程和科研案例，引入新理论、新技术，参加各种科技创新活动，申报科技课题，参加教师应用性科研课题等方式，综合提高学生应用研究能力，为今后继续深造、从事应用科研构建相应的知识结构，储备知识能量。

第三章

我国外语类人才培养模式的演变

我国外国语大学的人才培养始终与国家和社会对人才需求息息相关，在不同时期形成了不同的人才培养模式，按照培养目标侧重点的不同，大致可以分为仿苏模式期、复合转向期和多元发展期三个阶段。第一个阶段的仿苏模式期是从 1949 年到 1978 年，外语人才以培养语言技能为主；第二个阶段的复合转向期是从 1979 年到 2010 年，该时期以培养复合型外语人才为主；第三个阶段从 2011 年至今是多元发展期，该时期以培养多元化多层次外语人才为目标。

第一节　仿苏模式期（1949—1978 年）

一、仿苏人才培养模式的背景

晚清时期，因为西方列强的入侵，我国近代的外语教育随之逐渐兴起，同时，在中国传统纲常礼教和"师夷长技以制夷"的共同作用下，我国近代逐渐形成了"中体西用"的教育思想，采用中西并重的教育内容。"中体"的维系，要求新式学堂重视中文教育，培养的人才中文基础要好；而"西用"，则强调新式学堂要强化西文西艺的教育，尤其注重以内容为依托的实用型外语教育①，将外语当作通向西方的大门，因此，培养外交人才、翻译人才成为新式学堂人才培养目标。晚清的外语教育着力培养复合型人才而非通用人才，其人才培养模式大致分为"专业＋外语"和"外语＋专业"两种。前者是在专业学习过程中强化外语能力培养的人才培养模式，采用专业教学与外语紧密结合、外语教学辅助专业教学的方法，用外国语言"浸泡"学习者，达到专业知识和语言技能双修的目的。后者是在专业外语教学过程中融入一门专业知识的人才培养模式，使外语课程具有方向性，外语学习具有阵地性，外语应用具有领域性。民国时期，由于军阀混战不断，政府无暇顾及教育的长远发展，为中国高等教育提供了一个宽松的发展环境，各大院校在"新文化运动"的推动下，摒弃了教育的功利主义，形成"研究高深学问"的教育思想，注重通过科学研究培养人才和服务社会。学术型外语人才成了人才培养的主要目标，文学素养、文化知识和外语读写能力也相应地成为外语人才培养的重点。当时外语专业的教学模式可以概括为"教研结合，以文学、文化知识为主，重研究能力培养；读写结合，强化批改，重写作能力培养"②。

　　新中国成立之初，百废待举，百业待兴，举国致力于社会主义建设和经济的复兴，高校外语教育服务于建设需要，要么借鉴现有教学经验，要么学习国外先进的教学经验。然而当时，西方帝国主义国家对中国政治上敌视，经济上封锁，文化上孤立，我国很难获取资本主义发达

---

① 仇云龙，张绍杰. 晚清外语人才培养特色及其当下启示［J］. 外语教学与研究，2011（2）.

② 仇云龙，张绍杰. 民国时期学术型英语人才培养特色及其当下启示［J］. 外语教学与研究，2012（3）.

国家高等教育的有效信息，因此无法借鉴他们优秀的办学经验。苏联在各方面发展迅速，成为我国效仿的最佳选择，向苏联学习主要集中在1949—1958 年的十年间。当时中国人民对苏联教育普遍的认识是，"建筑在马克思列宁主义基础之上的，并且总结了苏联三十年的先进经验和科学成果，已经成为内容丰富、体系严密，且富有战斗性的真正科学"①，因此，在那个阶段，苏联的教育方针就是我国教育事业的发展方向。

二、仿苏人才培养模式的发展

（一）苏联教育理论

苏联教育理论的典型代表是凯洛夫，他提出"教育总是和政治相联系着的""教育是上层建筑，是经济基础的反映，苏维埃教育是为无产阶级的事业、苏维埃的建设服务的"。在教学方面，凯洛夫认为教学是教育的主要途径，他强调系统的知识传授和教师的主导地位。

在这一理论指导下，苏联教育呈现出以下基本特点：教育体制与计划经济体制密切联系，国家对教育实行高度统一集中的计划管理；教育发展的重心放在与经济建设直接相关的高等教育，尤其是工程和科学技术领域上；教育规划和计划与国民经济建设计划紧密联系，按产业部门、行业甚至按产品设立院系、学科和专业，确定招生规模和学生分配；国家对高等教育实行垄断，学生全部免费。它的优点是可以集中国家力量，迅速培养大批高度专门化、专业化的专家。但是这种教育模式有明显的不足，它突出实用的工程技术人才的培养，忽视人文教育，容易造成应用文科人才的缺乏，制约了社会现代化发展，削弱了学校的教

---

① 郑金洲，瞿葆奎．中国教育学百年［M］．北京：教育科学出版社，2002.

化作用，致使学生在知识结构上片面畸形，但是与中国当时百废待兴、人才缺乏的形势相适应，受到中国欢迎。

（二）仿苏模式发展的历程

1. 仿苏模式的形成期（1949—1959 年）

新中国的教育体系的构建主要从四个方面开展：一是接管和改造旧学校，将学校改为公立；二是学制上革旧立新，全日制学校、干部学校、业余学校并举；三是思想改造，清理教师队伍；四是院系调整，适应经济建设需要。1947 年全国拥有专科以上高校将近 400 所，其中私立高校 79 所，约占 20%①。1952 年我国进行院系调整，将高等院校全部收归国有，所有私立改为公立。国家高等教育完全控制在政府手中，办学形式单一，处于统一管理协调之下，也奠定了我国高等教育的基本格局。

由于国家总的大政方针是向苏联学习，外语专业教育受国际政治和外交关系变化影响较大，在全国范围内兴起"俄语热"，迅速培养大批懂俄语的干部。1950 年 2 月，我国与苏联签订了《中苏友好同盟互助条约》，中苏政治结盟，中国在经济、文化、教育等各方面接受苏联的指导和帮助，各项建设工作效仿苏联模式展开。为了向苏联学习，必须大力发展俄语教育，外语教育也呈现了"一边倒"的局面。这一时期，是我国俄语教育迅速发展的七年，也是我国外语教育全面学习苏联并对全国外语院系进行调整的主要时期。全国建立了 7 所俄文专科学校，19 所师范院校设立了俄语专业。在苏联专家的协助下，陆续编写了教学大纲、教学计划和各类教材。这一时期的教学内容和新编教材以反映中国

---

① 赵馨.我国的民办高校招生困境及对策的分析［D］.呼和浩特：内蒙古大学，2013.

现实的政治性文章为主，翻译文章比重较大，原著的比例过小，学生的外语不够纯正，重视实践能力的培养，但有时忽视必要的语言理论知识学习。这一阶段外语专业人才培养目标是"培养社会主义国家急需的应用型翻译人才和中学英语教师"。

2. 仿苏模式回归期（1960—1965 年）

20 世纪 60 年代初，中苏关系恶化。受政治环境的影响，外语人才培养定位开始发生转变，高校的外语教学也开始进行调整。1961 年教育部下发《关于高等学校外语课程设置问题的意见》，规定高等学校的第一外语是"俄语或英语"。到 60 年代中期，大学外语教学从以俄语为主转向以英语为主。

1964 年 11 月，中共中央和国务院批准了《外语教育七年规划纲要》（简称《纲要》），将英语确定为第一外语，高等院校的共同外语课语种可以有英语、俄语、德语、法语、日语等。《纲要》中提到今后 7 年要调整学习外语专业人数的比例。这一时期，俄语教育规模适度减少，教学质量有所提高，俄语专业更加注重精讲多练和学以致用的原则，加强基本训练，扩大知识面。根据《纲要》，1964 年至 1965 年，我国新建和扩建了 10 多所外语院校。

3. "文革"教育停滞期（1966—1976 年）

1966 年开始，外语教材建设和教法研究处于停滞状态，教学质量低下。到了 20 世纪 70 年代，我国的对外交往活动开始活跃。从 1971 年 10 月 25 日，中华人民共和国在联合国的合法席位得到恢复，到 1972 年美国总统尼克松访华、中日邦交恢复正常化等，这些外交上的突破促进了国民对外语学习的重视、激发了外语学习热情。从 1970 年到 1976 年间，全国 295 所大专院校招收工农兵学员，这一时期的大学公共外语课普遍为英语，学习俄语的人数逐渐减少，许多俄语教师改行教英语。

除了英语课程外，少数学校还开设了德语或日语等公共外语课程。

（三）对苏联模式的反思与改革

1978 年 8 月，教育部在北京召开了全国外语教育座谈会，讨论加强外语教育，提高外语教育水平，并形成了文件《加强外语教育的几点意见》。该文件充分体现了党的十一届三中全会的精神，提出了既要大力发展英语教育，也要适当发展日、德、法、俄等其他通用语种的教育。该时期的教育方针不再以苏联模式为纲，逐渐体现出中国特色。在该时期，除了通用语种教育外，有计划地开设了一些非通用语种，布点比较集中；为了满足研究工作的需要，逐步开设了一些稀有语种。这一时期的人才培养目标为"向多样性和统一性结合的转变，着重培养复合型、应用型人才和通用型人才"。1979 年，教育部召开了全国留学人员工作会议，提出要根据国家需要和条件的可能性，广开渠道，加大选派留学人员的力度。该政策为外向型人才的培养创造了条件。1980 年教育部颁布了《关于大力发展高等教育函授教育和夜大学的意见》，提出要两条腿走路、采取多种形式办学，以发展高等教育。1981 年 1 月 1日起，《中华人民共和国学位条例》开始施行，国务院设立了学位委员会，领导全国学位授予工作，学位标准实行学士、硕士和博士三级标准。1985 年颁布的《中共中央关于教育体制改革的决定》明确指出要减少必修课，增加选修课，实行学分制和双学位制。

进入 90 年代，我国的商品经济逐步稳定地过渡到了市场经济，为了更好地满足当时经济发展对复合型人才的需要，外语院校开设了很多新专业，开始探索外语复合型人才培养。1993 年，国务院发布的《中国教育改革和发展纲要》明确提出要逐步扩大招收委托培养和自费生的比重，各高校逐步建立起学生缴纳部分培养费的制度，开启了高校招生和毕业生就业制度配套改革。从 1994 年开始，高校实行招生并轨、交费上学、自主择业政策，大学毕业生由过去的国家指令性分配向自主就业过渡，截至 1997 年，全国所有普通高校基本完成了并轨招生。招生并轨政策适应了经济体制改革的要求，标志着我国高等教育招生就业制度已经从计划状态转变到了市场状态。

从外语教育来看，从"文革"结束后到高校本科扩招政策实施前的这 20 余年，高校外语教育逐步摆脱了"文革"的范式，向着遵循外语教学规律的方向发展，取得了质的飞跃。在这一时期，各专业教学点的招生基本上以高考入学为主，学生的文化水平得到统一，学生质量整体上有大幅度提升，并且保持了长期的稳定。从绝对数量上看，这一时期的高等教育处在精英教育阶段，学生规模和教师规模都比较小，语言文学专业的教学规模没有扩大，社会对高层次人才的需求量逐年增加，但高校的培养规模并未充分跟进，毕业生供不应求。在外语教学上，从单纯的语言技能培养向多维度、复合型和重视文化素养等方向转变，课程设置中也加大了对于语言技能训练之外的科目，以提高学生的综合素质，增强文化底蕴。

三、仿苏人才培养模式的特征

20 世纪 50 年代初到 70 年代末，我国外语教育主要经历了两次大转移：主要语种的转移和主要教育模式的转移。前者指主要外语语种由新中国成立前的英语转为新中国成立初期的俄语，接着于 60 年代中后期再回到英语；后者指教育模式由民国时期的文学模式转变为新中国成立后的"重语兼文"模式，即由通过开设外国文学及历史等课程学习外语转变为通过多种语言技能课程教学来学习外语。改革开放后实施的复合型外语人才培养体系，建立在以语言知识和技能为主的教育教学模式的基础上。这种人才培养模式导致的后果是高端外语人才，特别是外语研究人才偏少，外语专业人才人文素养缺失，以及外语人才后劲发展不足。

（一）语言技能培养单一

仿苏模式是为适应新中国成立初期的经济政治制度、生产方式、文化体系而形成的教育观念、方式、制度和体系，是指我国外语类高校以培养单一以语言技能为主的外语人才培养模式，是效仿苏联外语教学模式的结果。

我国外语教学从人才培养模式到课程设置、教材等均来自苏联，在外语教学中突出俄语教学，而高等学校的英语专业教学则处于收缩状态，这与新中国成立前我国文科院校英语专业以文学为主的教学模式恰恰相反。造成英语专业教学困境的其中一个重要原因是学生的入学起点低，大部分学生在入学时没有任何英语基础，或者虽然学习了一些英语，但学得很少，或者学了俄语等其他语种，而报考的是英语专业。因此，他们入学以后主要任务是掌握英语基本知识，掌握听、说、读、写、译等各项基本技能，为了很好掌握这些语言技能，其他的已无暇顾及。

在这一阶段，我国外语教学规格单一，侧重语言技能和文学方面的培养，学生知识面窄，教学方法还处在传统的认知阶段，课程设置中文学和精读课时所占比例较大。虽然，当时一般高校学生学习俄语主要是能看俄文书，只重视读，轻视听说，都是哑巴俄语，但是这种以语言技能为主的模式培养出来的外语人才，语言基本功比较扎实，工作以后经过一到两年的实际工作锻炼，也能够适应工作的需要。这个时期培养出来的外语专业毕业生基本满足了国家对于外语人才的需要，他们工作的领域主要包括外交、外贸、新闻、对外交流、翻译、教育等。

随着经济社会的发展，外语教育仅将培养外语专业学生的目标定位在掌握阅读、翻译的语言技能层次上，已经无法适应新时期经济社会发展对外语人才提出的知识和能力需求。社会对外语教育既有普通外语人才的需求，也有高端外语人才需求，还有既精通外语又具备一定的外交、金融、管理、贸易、法学等学科知识的各方面人才需求。

（二）教学模式突出技能

仿苏模式是适应当时政治经济形势采取的人才培养模式，这种模式下外语教学主要特点是"重语兼文"，以文为主的教学模式逐渐淡出课堂，而采用以技能为主的教学模式。外语教学突出实践，实践课课时占专业必修课总课时的比例平均在 60% 以上，到了 60 年代中期，高达 84%。这种以听、说、读、写训练为主，辅以少量语言文学知识及其基本理论、翻译基本理论与实践的教学模式，体现了当时单一的语言教学体制。在这种模式中，外语教学常以语法项目为纲，在语音、语法、词汇知识讲授的基础上，进行外语技能训练与实践；具体课程以精读为主，辅以泛读，多数高校采取综合教学，四年一贯，在精读课内进行听、说、读、写、译训练，有些高校采取分科教学，设置听力、口语、写作、翻译、报刊选读等课程。总的来说，这一时期外语教育的特点主要有两个，一是重视打好外语基本功，二是强调大量的外语实践。这种人才培养模式促进了中国外语教育的迅速发展，为新中国输送了大批专业人才，他们的主要特征是外语基本功扎实，语言运用技能强，能够满足外语岗位工作的需要。

这一时期的外语教学，以培养语言技能为主，各大院校在外语人才培养定位上突出语言技能和应用。付克（1983）曾对这一时期外语人才培养质量做过中肯的评价①：总的说来，成绩优秀的毕业生太少，特别是高水平的人更少。很多高校的外语类的毕业生只能做旅游和生活翻译，做中学教师也还缺乏教育课程的训练。毕业生用外语交流就像背课文一样，对答如流，语音语调准确，但是不能进行深度的交谈。造成这种现象的根本原因是当时的外语教育注重外语技能的培养而忽视人文素质的培养，不注重文学和文化教育，忽略了外语教育的人文性，导致毕业生人文底蕴不够深厚。

（三）教学目标设计功利性强

当时发展高等教育与发展经济密切联系，片面强调高等教育要培养为国家建设服务的专业人才，尤其将培养工程技术方面的人才作为高等教育的重要目标。在这样的指导思想下，大学的教育功能出现了混乱，教育的政治功能和经济功能得到极大的强化，而其文化功能遭到极大地削弱。比如当时高校的外语教学，聚焦俄语教育，忽视英语教育；强调课堂教学的统一性，认为统一性的课堂教学是落实教学计划、教学大纲的基础；强调人类经验的教育价值，强调知识的系统性和完整性，强调教师的中心地位，注重教师在课堂上向学生传授系统的书本知识；强调课程和教材的中心地位，要求教师通过课程和教材，系统地传授间接经验和理性知识；强调课堂教学过程的阶段性，认为这样做有利于"免除课堂教学中的混乱"，形成比较固定的教学流程。

我国外语教育的仿苏模式主要是基于苏联教育学家凯洛夫的教育理论而形成的，该教育模式更加突出教育的功利性，强调教育服务社会政治经济发展这一特性，把学校变成了生产合格产品的工厂。这种模式是

---

① 付克. 回顾总结调查研究立足改革－关于我国外语教育改革的几点设想［J］. 外国语（上海外国语大学学报），1983（5）.

计划经济的产物，随着中国市场经济的发展，其矛盾和弊端就会逐渐暴露出来。

第二节　复合转向期（1979—2010 年）

一、复合型人才培养模式的成因

（一）改革开放的需要

第三次科技革命以来，随着科学技术的发展，交通手段和信息技术进步迅速，全球经济网络逐渐形成，不同文化之间的交融更加深入，世界上无论是经济发达国家还是发展中国家，都在政治、经济、社会、文化、科技、教育等许多领域开展愈来愈广泛和深入的国际合作交流活动，各国间的相互依存关系日益紧密；同时，世界范围内的国际竞争更加激烈，国家间的区域纷争和矛盾摩擦此起彼伏；然而在环境问题、能源问题、人口问题、反恐问题、难民问题等方面，都需要世界各国之间相互协调解决，且该类问题日益增多，日益严峻。在这种错综复杂的国际关系下，各国之间关系密不可分，为了能够更好地生存和发展，各国都不同程度地谋求合作，开展各种国际性的交流与合作活动。国际社会和市场经济对人才规格的需求逐渐由"岗位稳定型"向"岗位适应型"过渡。

随着我国社会主义市场经济的快速发展，各行各业都需要更多的技术含量高的高素质外语人才。越来越多的岗位需要能够从事一线生产、建设、管理、服务岗位的高层次应用型和技能型外语人才，而对单纯外语语言技能型人才的需求有限。然而，由于我国长期以来在外语人才培养上重视语言技能，培养的外语人才难以适应社会岗位的需求，从而出现了人才的"结构性矛盾"。一方面，用人单位缺乏高层次的外语外事人才；另一方面，大学培养的外语专业毕业生找不到适合的工作。由此，国家开始重视对复合型外语人才的培养，时任国务院副总理李岚清也曾发表文章表示"要培养高层次、掌握专业和外语的人才"。

（二）高等教育创新发展的需要

高等教育是学历教育的高级阶段，是一个非常重要的阶段，它对于一个人的知识、能力和素质的形成和发展起到至关重要的作用。随着社会的不断进步，知识的急速扩展以及民众对受教育的期望逐步提高，高等教育的功能扩展为教学、科研和服务社会三个方面。高校外语专业的建设和发展也应顺应高等教育发展的规律，从纯粹的学术型向兼顾学术型和应用型方面转变。既要注重本学科高深学问的研究，促进学科专业长远的发展，以保证并促进国民素质的提高，又要注重培养经济社会发展急需的实用型、应用型的技术人才，以满足社会发展的需求。

90年代中期开始，为顺应国家从人力资源大国向人力资源强国转变的要求，我国的外语教育开始转向内涵式发展，培养出了数百万外语人才。根据高等学校外语专业教学指导委员会统计，1992年以后，外语专业在校人数每年以7.9%的速度增长，至1996年底，我国外语专业在校人数约达75500人。

随着市场经济的深入发展，工作岗位的数量增多，对知识和技能的要求增强，且技术的更新换代加快，劳动者需要不断学习以适应生产技术的进步，促使高等学校外语人才培养模式自身不断适应社会的发展，调整自身的定位，从而复合型外语人才培养模式随之发展起来，一些外语院校经过合并与重组后，也对自身的办学思想、办学层次与模式、人才培养类型及规格等方面进行重新定位。众多的以单一语言技能型为主的外语院校和扩招以后成立的本科外语院校开始重新考虑自身定位问题，即如何体现自身办学特色，按照经济社会发展的需要，培养满足社会需要的复合型外语人才，从而确立自身存在和发展的基础。因而，实行复合型外语人才培养模式，是高校生存和发展的需要，也是高等教育自我完善的需要。

二、复合型人才培养模式的发展

知识经济的时代，社会行业间的分工、交融和合作瞬息万变，令人应接不暇。外语教育需要考虑的是怎样才能使外语专业知识直接转化成为推动生产力发展的动力，使其最大限度地适应经济社会发展的需求。外语教育者回答该问题的答案就是：要学以有用，学以适用，学以能用，学以通用。因此，外语专业学生不仅要具有掌握外语专业知识的能力，还要掌握一门专业，作为外语使用的场域。在这样的背景和社会要求下，高校外语专业广泛采取"外语＋专业"的复合型人才培养模式。该模式注重外语与其他有关学科知识相结合的外语人才的培养，有利于进一步提高外语专业人才的适应性和竞争力，这是我国经济社会发展的国际化、全球化环境下，社会对外语专业人才的需求。

（一）复合型外语人才培养模式的初步探索

复合型外语人才培养模式最早可以追溯到 19 世纪晚清时期的京师同文馆，该时期的"外语＋技术＋人文"的复合型培养理念就是复合型外语人才培养模式的雏形。20 世纪 70 年代末，改革开放带来了复合型外语人才的大量需求，为外国语院校和外语专业带来了前所未有的机遇和挑战。到了 80 年代，我国的外语院校开始探索"复合型人才"培养模式，我国外语教学随之进入培养复合型外语人才时期。最初只是一些外语院校尝试改变其学科单一的弊病，利用外语优势来增设相关的人文学科，从而逐渐转变成为多学科型院校。例如，上海外国语大学于1983年开始陆续开设了工商管理、国际经济与贸易、金融学、法学、会计学、对外汉语、教育技术、新闻学、广告学等9个复合型的专业。除了设置新的学科外，一些外国语院校在原有的外语专业基础上，设置了专业方向。北京外国语学院于1984年在英语系开设了语言学、文学、国际交流、翻译、新闻学等专业方向。1992年，西安外国语学院的英语专业设立了国际经济合作、国际贸易专业、国际金融、涉外文秘等方向。1993年，广东外语外贸大学提出要培养胜任外交、外经贸、国际文化和科技交流、教育、信息产业、国际旅游等领域工作的复合型国际通用人才。1994年，李岚清副总理在北外视察时曾指出："北外主要是培养外交、外贸人才，不能只靠外语，要加大内容，增加外交、外贸方面的知识，要培养复合型的人才。基础研究不能丢，但外语教学也要适应新形势的需要。"总体来看，到了90年代，高校关于培养复合型外语人才的呼声增高，围绕着复合型外语人才培养的教学改革如火如荼。复合型外语专业一般设立在外语、外贸类院校或是其他各类院校的外语学院（系）内。那么，对于非外语专业学生而言，虽然设置了公共外语课程，按照公共外语的教学目标安排了一定课时的外语教学，这些学生也具有一定的外语能力，但不能作为复合型外语人才来看待，因为复合型外语人才的基础是具备专业水准的外语技能。

（二）复合型外语人才培养的政策导向

从20世纪90年代起，关于人才培养模式的改革，国家在一系列的文件中有了较为明确的政策导向。1996年，第八届全国人民代表大会第四次会议通过的《中华人民共和国国民经济和社会发展"九五"计划和2010年远景目标纲要》提出，要改革人才培养模式，由应试教育向全面素质教育转变。在高等教育领域，对人才培养模式改革也有比较具体的政策引导。1997 年，《国家教委关于积极推进〈高等教育面向 21 世纪教学内容和课程体系改革计划〉实施工作的若干意见》明确指出："改革人才培养模式，实现教学内容、课程体系、教学方法和手段的现代化。"具体到外语专业的人才培养模式和教学改革，教育部相关部门也做了明确的说明。1998 年，教育部高教司《关于外语专业面向 21 世纪本科教育改革若干意见》提出："从根本上来讲，外语是一种技能，一种载体；只有当外语与某一被载体相结合，才能形成专业。""市场对单纯语言文学专业毕业生的需求量正逐渐减小，外语专业必须从单科的'经院式'人才培养模式转向宽口径、应用性、复合型的培养模式。"该意见明确提出了复合型外语人才培养模式。《国家中长期教育改革和发展规划纲要（2010—2020)》第 7 章第 32 条强调了复合型人才的培养，要求"重点扩大应用型、复合型、技能型人才培养规模"。复合型外语人才的培养是高校外语专业主动适应社会发展和需要而做的调整，是自发的改革；同时，国家相关文件的发布使得复合型外语人才培养模式具有了良好的政策环境。

（三）复合型外语人才培养的全面发展

经过 20 余年的探索和实践，复合型外语人才的培养逐渐形成了一定的格局，且初具规模。北京外国语大学、上海外国语大学、广东外语外贸大学等外国语大学都已经发展成为具有多种学科门类的外语综合型大学。外国语大学培养出来的外语专业人才，能够很好地使用外语在经济、贸易、管理、法律、新闻、教育等领域进行专业工作。同时经济学、管理学、法学、新闻学等专业的毕业生与其他院校相同专业的毕业生相比，在外语能力方面有着明显的优势，因此更加受到用人单位的欢迎。综合性大学和理工科大学也都逐渐摸索出一套培养复合型外语人才的人才培养模式。

　　2000 年，高校外语专业教学指导委员会英语组制定了《高等学校英语专业英语教学大纲》（简称《大纲》），经教育部批准在全国实施，《大纲》对英语专业起着全面的指导作用。《大纲》规定："高等学校英语专业培养具有扎实的英语语言基础和广博的文化知识并能熟练地运用英语在外事、教育、经贸、文化、科技、军事等部门从事翻译、教学、管理、研究等工作的复合型英语人才。"这是国家首次以正式文件的形式确定复合型的英语专业人才是高校英语专业的培养目标。参考《大纲》，其他通用语种也对复合型外语人才的培养做了进一步探索与实践。2001 年我国加入了世界贸易组织，国内外的政治、经济形势都发生了巨大改变，高层次、复合型外语人才需求的缺口越来越大。"外语＋专业方向"的培养模式飞速发展，日益成熟。

三、复合型人才培养模式的特征

（一）培养目标市场化

　　在复合型人才培养探索的初期，外语教育界专家学者对复合型人才的认识意见不一，但经过几十年的改革和实践，学界最终对于复合型外语人才培养模式基本达成了共识。合格的外语人才首先要具备扎实的外语基本功，这是外语人才的根本；外语人才要在跨文化交际的情境中使用外语进行专业工作，因此，外语教学最终要落实到学生跨文化交际能力的培养上；在此基础上，其他专业领域的知识必不可少。复合型人才培养的最终目标是使学生具备"外语＋专业"的复合知识和复合能力，是一种满足社会需要的应用型人才。因此，要以市场为导向，根据社会发展需求，尤其立足地方经济发展，培养适应性强、有创新精神的复合型、应用型的外语人才。

　　培养外语人才必须是外语专业同一定的专业或专业方向相结合，这是复合型外语人才的必备条件。外语人才应更加注重知识结构的宽泛、实用和综合，做到专业发展的交叉和融合。因此，外语专业教育，需要牢牢抓住语言能力这个根本，同时为学生留出必要的时间和精力，让学生学习其他专业知识，并将外语知识和专业知识进行知识和能力的复合。

（二）课程设置复合多样化

单一地掌握外语的外语专业人才是"工具型"人才，即只具有外语沟通能力的人才，而且停留在浅表层次上，不能较深层次涉入专业领域，所以一旦所涉及的工作内容延伸面积较广，或者专业性太强，这样的"工具型"人才便会难以胜任。因此，外语和一定的专业相结合是复合型外语人才的必备条件。杜瑞清教授认为，"复合型外语人才指既熟练掌握一门外国语的各种技能，懂得该门外国语的基本知识，也具有其他一门学科的基本知识和技能的一专多能的人才。"① 满足行业、专业领域对外语人才需要的复合型外语人才既要精通某种外国语言，又要具有较为广泛的社会科学或自然科学基础知识，在某些专业领域具有较扎实的功底，能在研究、社会实践或教学岗位上发挥突出作用。《高等学校英语专业英语教学大纲》对英语专业课程进行如下描述：英语专业课程由 3 个模块构成，分别是英语语言技能课程、英语专业知识课程和相关专业知识课程。其中相关专业课指的是学校可根据现有条件和资源开设有关外交、经贸、法律、管理、新闻、教育、科技等专业领域的课程。但这些课程要与外语专业课程充分融合，而不是割裂的。随着经济社会的发展，各行各业对复合型外语人才的要求越来越高，高校外语专业逐渐加大外语教学与其他专业教学的融合，同时国际贸易、法律、

---

① 杜瑞清. 复合型外语人才的培养及实践［J］. 外语教学，1997（2）.

工商管理等专业对学生的外语技能要求也越来越高，复合专业外语课程也就成了一种必然的趋势。

四、复合转向期高校人才培养定位

经过30多年的研究与实践，我国高校在复合型外语人才培养方面积累了不少经验，探索出了一些新的模式。例如，北京外国语大学、上海外国语大学、广州外国语大学等外国语大学经过多年的探索和改革，已经发展成为涵盖新闻、外交、法律、金融、管理、经济等学科的以外语为主，多学科协调发展的大学，使复合型外语人才培养突破专业的限制，具有更广阔的平台和更丰富的资源。另外，用外语授课的专业课程数量增加，双语教育取得了很大进展；培养复语（英语＋另一通用语或非通用语种）人才也扩大到了更多的院校。为了营造更好的外语教育环境，一些院校实行双学位的做法，并将学制延长到五年。也有不少院校实行中外合作的培养方式，实行"2＋2"（前两年在国内，后两年在国外培养）或"3＋1"（前三年在国内，最后一年在国外培养）的合作培养模式，尤其一些院校的合作培养模式为国内打外语基础，在国外进入专业学习，同时在外语环境下使语言应用能力大幅度提升。总体来看，外语复合型人才培养模式变得多样化。

第三节　多元发展期（2011 年至今）

进入 21 世纪第一个 10 年以后，我国高校外语教学逐步呈现出培养层次多元化、培养目标多元化、培养方式多元化的趋势。我国不同高校之间的差异很大，必须按照多元的培养方式来培养学生。首先，院校层次不同，有的院校培养层次高，以培养高端人才为主，有的院校则根据地方经济社会发展需要，培养一般的应用型外语人才。因此不能以同一标准来要求所有的外语专业。其次，学校的类型不同，培养目标和人才培养规格也会有所不同。高水平的综合性大学的外语专业注重培养高层次的研究型人才和高水平的翻译人才；外语类高校的外语专业注重培养高端的国际化人才和大量的复合型外语人才；师范类院校的外语专业以培养各级各类外语教师为主；理工类大学的外语专业着重培养在理工领域从事专业的外语翻译的人才。不同层次、不同类型高校有所分工，各自发挥优势特长，可避免同质化问题的出现。只有多元化培养目标、多元化培养方式才能培养出不同类型、满足不同岗位需要的高质量的外语专业人才，才能满足国家和社会对于外语人才的多元需要。

一、多元化人才培养模式的背景

（一）"一带一路"倡议加速外语语种多元化发展

改革开放 40 多年来，中国综合国力和国际地位显著提高，弘扬中华文化，传播中国声音，构建对外话语服务体系的需求日益强烈。"一带一路"倡议肩负着探寻经济增长之道，实现全球化再平衡和开展区域性合作的使命，它要求政策沟通、设施联通、贸易畅通、资金融通和民心相通。这些都需要多元化的外语人才来协调，其中民心相通就要对相关国家的文化历史、民族特点、语言文化、风俗习惯等进行深入的学习和理解。语言是中国与相关国家思想交流、文化交融的载体，对"一带一路"沿线国家语言的学习和掌握是推动文明创新、促进人文交流、实现民心相通的基本保障，也是中国与"一带一路"沿线国家互联互通的重要媒介。

中国已成为国际型国家，其海外利益、投资、人员流动、教育都在输出，对于国际事务由过去的被动参与到现在的主动参与，积极谋划，因此，国家亟须提高外语能力，巩固现代化、开放性大国的地位。一个国家的外语能力并不是取决于这个国家掌握外语的绝对人数，也不是取决于这个国家外语的普及程度，衡量国家外语能力的根本标准是这个国家能够使用的外语资源的种类和质量。① "一带一路"沿线国家语言多元化，在新的国际形势下，要求我国要加大多元化的国家外语资源建设的力度，增加外语资源种类，提高外语资源质量。然而，当前我国外语资源的种类和质量都不能满足国家要求。一方面，我国外语教育的语种储备明显不足，"单一型"的语种结构失衡和非通用语言人才缺乏的问题还很严重，尤其是国家发展和国家安全十分需要的非通用语种人才稀缺。从"一带一路"的沿线国家和地区来看，急需的非通用语种主要以欧洲国家语言为主，同时，语言资源丰富、语言文化多样的地区如中亚、南亚和非洲的语种资源种类也需要扩大。另一方面，"一带一路"建设对我国外语教育提出了要转型发展的要求。必须改变外语教育传统的外语人才培养模式单一、偏重单纯的语言技能训练的局面，要创新人才培养模式，探索培养多元化、国际化的外语人才。此外，要围绕"一带一路"，加强外语教育中国别和区域的相关知识教学，开展国别和区域研究，促进跨文化、跨学科的外语教学改革和研究，培养具有人文素养和国际化素养的国际化人才。随着"一带一路"建设的推进，掌握一门外语的人才已经不能满足国家和社会发展的需要，"复语型"人才的需要日益凸显。上海外国语大学、天津外国语大学、大连外国语大学、吉林外国语大学等，在"复语型"人才培养模式上进行了有益探索。除了高水平的翻译人才外，培养精通沿线国家或地区当地语言、

---

① 文秋芳等. 国家外语能力的理论构建与应用尝试［J］. 中国外语，2011（3）.

谙熟当地文化，又懂某一专业领域的高水平外语人才更是当务之急。

(二) 信息化发展促进了人才培养模式多元化改革

人才培养模式的多元化是大数据时代的必然。随着信息技术的快速普及和物联网的发展，人类学习的系统生态发生了巨大改变。封闭式课堂向开放型课堂转变，产生了与教和学相关的海量数据，使得以学生为中心、能够促进个性化发展的外语学习成为可能。大数据可以针对千差万别的学习者，满足其多样化、个性化的学习需求，并以此为依据开发出符合个性化需求的学习资源，提供多元化的学习路径，为学生提供多种选择、个性化、推送式的学习指导服务。大数据更好地促进了因材施教，引领课程多样化、课程形式多元化，发挥高校促进学生全面发展和个性化发展的巨大作用。基于大数据的外语教学对于教师和学生最大的挑战就是利用大数据的意识和进行数据分析的能力。教师和学生都需要在海量的信息中快速选择出有效信息和资源，提高教和学的效率和质量。

具体而言，大数据催生了慕课、微课等教学资源，以及翻转课堂、线上线下混合等教学模式。慕课是一种开放式、大规模的在线学习课程，具有便捷性、开放性、共享性、自主性、可扩容性、互动性强等特征。慕课的产生和发展使世界各地不同人群共享优质教育资源成为可能，也使大规模个性化的学习成为可能。外语类慕课具有交互性强、语境真实、材料丰富、时代感和趣味性强等特征，而且慕课使学生学习随时随地发生，更有利于培养学生的语言运用能力。翻转课堂是颠覆了传统的课堂教学方式，将课堂上传授知识、课后深化知识的时间顺序进行调换，借助于信息技术手段，实现课前学生自主学习基本知识、课上将知识内化的教学模式。翻转课堂教学有效实施的关键在于网络信息技术的运用。随着大数据技术的发展，大数据在教育领域的应用更为广泛和深入，大数据有效地与翻转教学理念相结合，合理地整合线上线下教学内容，使新型、多元、高效的网络学习成为可能，也使外语的翻转教学、线下线上混合式教学等新型教学模式成为可能。混合式教学和混合式学习成为教师教和学生学的主要途径。

（三）社会需求的多样化带来了人才培养模式多元化

21 世纪，随着经济全球化发展，社会对外语人才的需求数量更多，规格更多元，因此对人才培养模式创新和多元化发展的要求更迫切，这是新时期的新挑战。我国高等教育大众化，满足了社会对外语人才"量"的需求。除了数量外，社会发展对外语人才的需求由过去相对单一的需求转化为目前的多元化的需求，多元化的外语人才主要集中在贸易、经济、文化产业、汉语国际教育、新闻媒体等领域，因此外语人才的培养模式必须从单一化转向多元化，才能使外语人才培养满足现代社会对外语人才在结构上的需求。从 20 世纪 90 年代初开始，英语专业的教育教学模式主要有三类：第一类是注重英语学科的学科属性，重视英语语言文学的内涵发展，该模式主要是重点综合性大学和师范类院校采用的模式；第二类是英语专业 + 其他专业的复合型模式，该模式培养的是应用型的外语人才，大多数院校施行该模式；第三类是专业 + 英语的复合型模式，该模式是在经济、贸易、新闻、法律等专业中，加强英语教学，外语类院校的非外语专业大多采取这种模式，培养具有外语优势的经贸、新闻、法律等专业领域人才。与此同时，英语专业也衍生出了两个相关专业，即商务英语专业和翻译专业。

二、多元化人才培养模式的发展

（一）高等教育的多元化奠定了多元化外语人才培养模式形成的基础

在我国传统的高等教育中，普通高校培养学术型人才，高职高专培养技能型人才。然而，随着经济社会的不断发展，社会越来越需要多种类型的人才，尤其是需要大量的能在生产、建设、服务、管理等一线从事具体工作的高层次应用型人才。社会的需要转化为家庭和学生的需要，其结果就是这种单一的高等教育类型不能满足社会和家庭的需要。同时，人们生活水平日益提高，伴随着不断增长的受教育需求，高等教育大众化应时而来，其中，应用型本科教育以其不同于普通本科以及高职高专的教育类型，适应和满足了广大人民群众对高等教育需求，应用型本科教育迅猛发展，成为一种新型的教育类型。而应用型本科院校中又有多种情况，有高职高专升格本科的，有几所院校合并组成的，有民办大学，有独立学院等，成为我国高等教育必要的有益的补充，从而使我国的高等教育呈现出多元化的格局。在高等教育多元化格局下，各类型高校在外语类人才培养过程中，由于培养目标、培养规格和培养途径各有差别，培养模式也就呈现出多元化发展。

（二）高等教育大众化促进外语人才培养模式的多元化发展

高等教育大众化是社会发展对高等教育提出的要求，高等教育大众化阶段的外语人才培养模式具有两个特点：一是强调人才培养的应用性。任何时代都需要学术人才，但大众化的高等教育培养的人才不能都搞学术，一部分人才应是应用型人才。因此高等教育的大众化阶段不能完全以学术能力作为人才培养标准，也要培养外语应用能力强的外语人才，不仅传授其理论知识，更要培养其外语应用能力。二是人才培养具有多样性。在精英教育阶段，所有的大学都以北大、清华为标准，参考其发展道路去发展，到了大众化阶段，不能对所有高校用一样的标准去要求，不能用一样的模式去发展，更不能培养一样的人才，而要采用多元化的人才培养模式，培养多元化的人才。不仅如此，现在高等学校的评估是多样化的，重视每一所学校的特殊性、适应性。外语类院校的特色化和外语学习人群增多使人才培养目标层次更多。外语教育要培养满足社会需求和满足个人外语需求，既有高水平外语人才，又有普通外语人才和小语种人才等。大众化趋势必然带来多元化格局，多元化是大众化教育持续健康发展的必要和有利条件，有利于构建良性竞争的环境以及形成高等教育百花齐放的局面。

三、多元化人才培养模式的特征

（一）开放性

开放的人才培养机制是多元化外语人才培养的重要基础。一是要面向社会开放办学。根据经济社会发展需求，高校要有计划、有层次地设置一些适应国际化和地区经济发展需求的专业，尤其是跨行业、跨学科的专业。高校的外语教育要面向社会，加强与企业、事业单位、科研院所和政府机关的联系与合作，培养和提高学生的服务意识和实践能力，为经济社会发展服务。二是学院内部机构间要开放合作。高校内部的院、系间要打破学科、专业间的壁垒屏障，以开放的心态整合课程、重组专业，组织与协调各学科教师之间的交流与合作，实现资源共享的最大化。三是转变观念，树立以"学生为中心"的理念，改革学分制，设置弹性学分，减少必修学分，促进学生的个性发展。四是创新教学模式，突破传统观念，转变教师角色，充分激发学生的学习潜能，引导学生自主学习、探究学习和深度学习。在外语教学过程中，教师的主要任务不再是传授英语知识，而是创设学习环境，使学生利用英语这一工具去理解既定专业领域的知识，并在此过程中自然地习得并强化语言技能。

（二）多样化

高校外语人才培养多元化模式离不开外语教学目标、课程、教学内容、教学组织形式、教学方法、考核模式等方面的多样化。除了培养学生的跨文化交际能力外，外语教学还应该注重培养学生的独立思考能力、分析能力和思辨能力等深厚的人文素养，兼顾外语教学的人文性和工具性，使外语人才培养的多元目标得以实现。首先，实施分级、分层教学。其次，课程模块化。综合英语为第一模块；ESP 作为第二模块，强化专业和提高学术英语的表达能力，使学生在职场生活受益和在国际学术交流中学以致用；应用类、文化类选修课为第三模块，开设新闻、翻译实践、演讲等应用技能类和英美文化概况、英美文学赏析、英美报刊选读等文化类选修课，在提高学生英语实用能力的同时，使学生具有开阔的国际视野和较高的跨文化交流与合作能力。

随着高等教育改革的深入，我国外国语高校普遍关注内涵发展，创新外语人才培养模式，以"多语种＋"作为新时代办学战略，深化综合改革，提高现代大学治理能力，改革学生管理方式，实现权力围绕学校发展运行，资源围绕师生成长配置。同时，着力探索专业特色型、外语复合型、战略拔尖型三大类人才培养模式，打破原来的单一化、标准化人才培养机制，以学生为中心，增加学生选择的自由度，提供个性化、自主化的培养方案，充实课程设置，重新构建学生的知识结构。

纵观我国外语人才培养模式的演变和发展，不难发现，任一时期的外语人才培养模式都不是单一的，只是这种多元模式在当今更显突出。总体上以两种基本模式为主，即研究型和应用型，不同的人才培养模式，学生的培养目标和培养规格各有侧重。随着人才培养模式的创新发展，研究型人才培养模式衍生出创新型、交叉复合型等多种人才培养模式，而应用型人才培养模式也衍生出复合型、外向型等多种人才培养模式。

第四节　我国外语类人才培养存在的问题

改革开放以来，我国为经济建设、外交外事、社会建设和文化建设等事业培养了大批外语外事人才。但随着社会发展，传统的外语教育已经不能够完全适应我国政治经济文化发展以及人工智能时代对多元化、专业化、跨学科的外语人才的需求，存在以下几方面的问题亟待解决。

一、人才类型与社会需求不相适应

首先，从数量和质量上看，外语类人才数量大但不能满足时代要求。我国经过 20 年的教育规模扩大化发展，开设外语专业高校的数量急剧增加，外语人才培养的规模和数量也随之增大。到目前，尽管我国有数亿人学外语，可是事实却是，由于学生所学专业知识结构以及市场需求结构不对称等原因，很多外语人才未能从事与所学专业相关的工作。而我国高端外语人才及复合型和应用型外语人才又十分缺乏。这不仅极大地浪费了教育资源，同时也给学习外语专业学生的未来发展带来了困境。一方面需要大量的外语人才，另一方面真正"好用"的外语人才又十分缺乏，劳动力市场上还有大量过剩的外语人才，从而造成了人才培养结构上的矛盾和失衡。这显示出我国高校外语人才培养的深层次的问题，即高校培养的外语人才无法满足经济和社会发展对外语人才的需求。

其次，从类型上看，人才培养传统模式不能满足社会对复合型和应用型外语人才的需求。前面已经谈到，当前我国外语人才市场需求更多的是复合型和应用型人才。然而，现实情况是，绝大多数外语专业培养的人才仍不是市场所需的复合型和应用型人才。很多大学依旧是按照传统的方式培养外语人才，其发展目标和人才培养目标是培养学术型人才，尽管有些院校人才培养目标已经根据市场需求做了一定调整，但是，由于整体的人才培养模式仍是学术型人才培养体系和内容，因而其培养出来的人才还具有学术型人才的特征。学术型人才培养在教学上相对注重语言理论、文学素养和语用等的知识传授，对语言作为工具性的训练和实践以及外语人才应具备的素质和人格相应忽视。由此培养的人才语言知识较强，实践应用能力较弱，综合素质和人格能力不够完善。社会发展需要更多的复合型和应用型人才，既具有扎实的语言功底，又懂一或两门专业，专业应用、实践能力强，创新和综合素质高的复合型和应用型外语人才。

另外，随着国家经济发展和对外联系交往的不断扩大，对小语种的需求不断增加，但现实是小语种覆盖不广、专业方向设置缺乏个性。外语专业的设置和外语人才培养规模应该根据我国经济发展需求，结合地域优势和学科传统，更应该对接国家和地方的发展战略。例如，对于地处长吉图发展战略关键位置的吉林省来说，不可推卸地承担着满足部分小语种外语人才的培养任务。从就业市场需求来看，目前一些跨国公司和以发展对外经济贸易为主的公司，不仅对复合型和应用型英语专业毕业生有着强烈的需求，而且对于一些小语种的需求量也日趋加大，然而却很难招到相应的人才，出现供不应求的现象。

总体来看，当前外语人才培养还不能完全适应中华文化"走出去"

战略对跨专业领域外语人才的基本需求，更无法充分应对人工智能带来的深层挑战。因此，外语人才培养要顺应新时代社会需求的变化，重新进行战略定位，培养满足社会需要的外语人才。

二、培养模式与培养目标不相适应

许多高校的外语人才培养固守传统培养模式，在课程设置、教学内容与教学方法、综合素质培养和评价机制等方面出现了一些亟待解决的问题。

（一）培养模式单一滞后

21世纪初，随着我国加入WTO，对外开放程度不断加深及开放领域的扩大，社会对高层次复合型外语人才需求迅速扩大。而近几年随着我国经济地位的提高和劳动力成本的上升以及人民币的升值，市场和企业迫切需要转型和升级，对具有创新精神和能力及能顺应市场变化的复合型和应用型外语人才更加渴望。市场更需要的是既具有娴熟的外语水平，同时又掌握一定的相关专业知识和技能的复合型和应用型外语人才。因此，在这种特定的经济社会发展背景下，要求外语专业人才培养的高校也加快对复合型和应用型外语人才培养模式的探讨和研究。然而，我国高校在探讨和设计复合型外语人才培养模式时，虽然试图追赶市场的脚步，可是，人才培养的周期性使得当前注重语言技能和相关专业知识的培养模式总是滞后于市场的变化。很多高校缺乏科学设计，认为复合型和应用型就是增加跨学科专业知识及技能，学生学习一门外语再选修一门专业课就是复合型和应用型人才了。因为要增加一门学科或专业，无形中就降低了英语学习的要求和标准，稀释了外语学习的质量。

在经济全球化日益深入的当今社会，国家之间联系日益紧密，能够熟练掌握外语是进行日常交流所必需的，因此近年来有相当数量的考生选择外语专业作为大学的主攻方向，借此达到国际化，与世界接轨。然而，很多高校的外语人才培养模式却相对较为滞后，外语人才培养片面强调语言知识的输入，忽略了实际运用语言进行交流能力的培养。相当一部分高校固守传统课程设置，只注重课堂教学而忽视实践教学，学生难以将所学的语言知识学以致用。而且，语言教学没有与其他相关专业知识相结合，学生知识体系单一化，学生知识面窄，传统模式培养出来的学生已不适应社会发展的需要。用人单位对外语专业人才类型要求不再是单一的，而是逐渐向"外语＋其他知识"类型的人才进行转型。从单一型外语人才培养到复合型人才的转变，是时代发展的要求和趋势，也是经济全球化发展趋势的必然要求。

（二）课程设置缺乏合理性

目前，我国许多应用型本科院校在课程设置上都不同程度存在着重理论知识，轻实践教学环节，对学生应用能力的培养目标有所偏离，只强调学生应该"知道什么"，而不是"会做什么"，没有充分做到结合生产实践，培养学生解决实际问题的应用能力。在理论教学中，基础理论的讲授也脱离了从事技术工作所必备的有关技术原理及其运用的理论，出现了与学术型本科相同的倾向，混淆了学术型本科教育和应用型本科教育之间的区别，模糊了应用型本科教育的应用性特点。

课程设置的不合理性还体现在对应用型的支持度不高。外语专业的很多课程不能适应应用型人才培养的目标。科学的课程体系设置是应用型人才培养模式构建的关键。应用型的课程体系应该是一个开放、动态的体系结构，反映实践性、应用性的教学思想，体现更集中的专业、行业理念。但不少应用型本科院校的课程体系存在以下问题：一是在课程模块设置方面，基础课、专业课设置不够合理。目前，我国应用型本科教育的课程多是按照学科的逻辑结构来构建专业课程和组织教学内容，过于强调知识的系统性和完整性，很多应用型本科院校使用的教材相当一部分理论性非常强，内容十分陈旧，无法反映当今科学技术发展的最新成果。二是以"学科"为本位，不是面向实际应用，根据职业能力的要求来选择课程内容，忽视了教育与产业的联系、知识与工作任务之间的联系。过于重理论轻应用的学科中心模式，往往会造成理论和实践的脱节。其虽然可以为学生提供学科理论基础，但无法提供关键的工作过程性知识和基本工作经验，课程内容与工作实践的联系不紧密，一方面重点不突出，课程设置没有很好地从学生今后从事专业工作所需的核心能力培养出发来设计；一方面是课程设置太精、太专，缺乏跨学科的交叉知识。在传统的教学模式和课程安排下，课程体系仍然是"基础课—专业基础课—专业课"的"三段式"，学生很多时间是在"打基础"，学了许多一出校门或没出校门就已没用的知识，而因为与专业相关的实践学时远远低于理论学时，学生的实践动手能力和职业技能十分薄弱。

对大量的非外语类毕业生而言，现有的课程结构也不能实现人才培养目标的要求。在非外语专业的现有课程结构中，很多是通过公共外语部来承担外语教学任务的，公共外语课程是非外语专业学生学习外语的主要途径，而公共外语课程在整体课程结构中所占的比重数量较小，且还在逐年降低。极为有限的课时使得学生的外语知识技能基础不牢，为后续的外语学习乃至工作中外语技能的自我提升带来较大的阻力。另外，公共外语课程开设时长有限，一般集中在本科学习的前四个学期，甚至是前三个学期，除了少数院校开设行业英语课程之外，对于大多数本科学生而言，这就意味着本科阶段的外语课程已经结束。在学生进行专业类课程学习时，由于没有与所学专业相融合的外语课程，学生很难具备专业内国际交流的语言能力，这就严重影响了毕业生在实际工作中的国际视野、行业精尖信息的接受交流能力等职业提升的必备素质。所有这些都说明英语的课程设置亟须改革和创新，以使其更适合应用型、复合型外语人才的培养。

以英语专业为例，我国高校英语专业一般开设三类课程，即英语语言技能课、英语专业知识课和相关专业知识课，若不考虑公共必修课和公共选修课，三类课程占总学分比例基本上分别是60%、20%和20%。其他外语专业基本上也是按照这个比例来配置的。应该说，强调扎实的外语语言技能是外语专业人才区别于其他专业人才的优势，也是培养我国高校外语复合型和应用型外语人才的基石。然而，从当前市场经济对外语专业的人才需求状况来看，市场更需要外语专业的人才既要掌握扎实的外语语言技能，同时，还要具有一门或两门其他学科或专业的知识，也就是复合能力的要求有所提高。那么，语言技能和外语专业知识以及相关专业知识之间到底应该是一种什么样的比例关系，需要进行科学的研究和审视。目前的很多外语专业对此并没有深入的研究，课程设置还是沿袭以往的比例进行配置，没有根据当前新的情况适时加以调整，从而，从某种程度上影响了复合型和应用型外语人才培养的质量。

大多数本科院校外语专业给予基础类课程和专业类课程同样比重，即大一、大二学习基础类课程，大三、大四学习专业类课程，同时理论类课程比重远大于实践类课程比重，这样的课程设置不甚合理，给培养高质量的应用型人才带来了阻力。对于本科阶段的学生而言，有效的学习时间只有前三年，第四年的学习时间往往被考研、实习、应聘等活动大量挤占，学习效果较之前三年明显较差。在此情况下，如果依旧保持基础类课程和专业类课程均分四年时间的话，就会形成基础类课程所占时间偏多，本应占有较重分量的专业类课程实际学习时间只有一年，学习时间严重不足的情况。此外，学生花费大量时间用来学习理论类课程，用来学习实践类课程的时间明显不足，这样的课程体系结构使学生远远无法做到学以致用，知识只停留在表面，没有深入内化为技能，在毕业后的实际工作中容易出现眼高手低、畏难不前、缺乏必要工作技能、工作能力低下的情况。

（三）教学内容缺乏系统性

传统的外语教学只注重对学生语言知识的传授，却忽略了学生的人文素养、综合素养以及专业技能的培养。而人文素养则决定着学生对中西方文化差异的敏感性和包容性，进而决定着学生的跨文化交际能力。大多数的毕业生由于缺乏对西方文化及价值观的认知，以至于在与西方人运用语言进行业务交流时产生沟通障碍乃至误会，不能胜任本职工作。另外，教学内容陈旧。语法、单词等的学习活动仍是目前外语学习者普遍使用的学习方法，长期大量的机械学习，使得外语专业的学生知识面狭窄，学生们花了大量的时间精力学习语言知识，但是对身边的实事了解甚少，语言技能仅限于应付简单的日常交流，无法进行深层次的分析表达，更不用说专业领域知识了。知识面狭窄甚至给语言学习本身造成了负面影响，学生即使掌握了大量的句型、丰富的词汇、准确的语法，但仍然感到应用起来十分困难。语言作为传递信息表达思想的载体，失去了所要承载的内容，也就丧失了其功能，所学的知识无法有效地转化为有用的行业技能，理论与实践脱节，使得高校培养的外语人才难以适应社会和经济发展的需求。

（四）教学方法单一

教学方法是为了完成教学目的而进行的一种有秩序的活动方式，是教师与学生共同实现教学目的、完成教学任务的途径和方法。传统外语教育模式中有些方法并不符合语言学习的规律，教学方法上，以"讲授法"为主，教学方法单一。目前我国应用型本科院校在外语课堂教学过程中，仍然是以讲授法为主，所采用的教学模式是知识导向型的，以掌握知识为出发点，又以知识的积累为归宿点，整个过程都突显了知识的重要性。研讨式、案例式、项目式、虚拟式、网络课堂的教学形式运用不够，导致学生花费大量的时间进行词汇、语法、阅读等的训练，成了典型的"哑巴外语"。即使是外语专业的学生也有相当一部分不能对所学语言驾轻就熟，听说自如，单一的教学方法使得学生外语学习成效不明显。

（五）语言实践不足

这里的实践是指外语学习者在真实的语言环境下应用外语进行听、说、读、写等信息传递和交流活动。语言习得过程中，语言的输入、输出和语言交流都起着至关重要的作用。外语的输入是学习外语的先决条件，只有经过输入、沉淀，有意义的输出和交际才能得以实现。语言的输出则不仅仅是学习者说、写等语言运用过程，更包含了他们对所学语言进行内化、反思、验证、更正、强化的重要过程。而使用外语进行交流则是真正学会一门语言必不可少的环节。没有输出和交流环节，就没法真正学会一门语言。虽然，现在有的外语课堂采用交际教学法，课外原版书籍及影像资料也很普及，外语专业的学生与外语接触的机会增多，然而，学校缺乏为学生创造真实的语言环境的学习条件，课堂教学仍是绝大多数外语学习者学习外语的主要途径，离开了课堂，外语的实践机会相当有限，除了观看原版影像资料、听新闻、阅读原著，几乎没有能在真实的语言环境下使用目的语的机会。仅靠课堂上有限的练习，课外简单的输入和机械的模仿，语言知识很难内化为永久记忆，更无法转化为有效的交际工具，语言学习往往事倍功半，使得在母语的环境下学习外语效果大大降低。

（六）综合素质重视程度不够

早在 2000 年，《高等学校英语专业英语教学大纲》就提出应用型、复合型人才要具有较高的综合素质。这种较高的综合素质包括思想道德素质、文化素质、业务素质、身体和心理素质。但是在人才培养实践中，有很多忽视了综合素质和能力的培养。

首先，在认识上存在着以偏概全的问题。认为外语的业务能力、跨文化交际能力、心理素质、文化修养就等同于综合素质。但是这恰恰是一个误区，跨学科多学科专业知识和技能是随着市场和社会的变化而变化的，而语言技能、终生学习能力、全面发展能力、创新能力和社会责任感等综合素质是不变的和相对稳定的。这些素质是经济社会发展变化对所需要的人才的基本要求。以往的外语教学往往强调模仿复现机械记忆，忽视外语的人文性，忽视对学生创新能力的培养，导致学生创新能力薄弱。语言是极富人文精神的学科，并非纯粹的工具，语言教学应该是对学生语言能力和文化能力的培养，外语专业知识课不能只局限于语言文学，应涉及目的语国家的社会经济文化历史等方方面面，以培养学生的文化素质，拓宽学生的知识面，提高学生分析问题、解决问题的能力。

其次，思想品德和道德教育也是综合素质中不可缺少的成分。然而，当前外语专业的人才培养模式中往往忽视、淡化或缺失这一环节，导致外语专业学生的人文素质内涵不足。很多外语学校仅仅注重学生的学业成绩，忽视学生人文素质和文化内涵，导致一些学生缺乏健全的人格结构和较高的人文修养，从而很难适应迅速发展的时代要求和挑战。

再次，身体素质在很多外语专业中并不被重视。很多学生的身体素质不够好，有的甚至达不到基本的国家体育健康标准，这些都是综合素质教育认识上和做法上不到位的体现。

（七）语言应试教育倾向

从目前我国传统的外语教育模式来看，外语教育教学主要是以"教师、教材、课堂"为中心的教学和学习。传统教育理论，特别是应试教育在中国的过度发展，导致外语教育的一些弊端日益显现。学生是从应试教育培养出来的，到了大学，由于有外语过级考试的要求，很多教师仍然以应试方法作为教学的主导。虽然应试教育有其有利的一面，但应试教育下特别注重考试技巧，从而使外语教学对口语听说应用重视不够，而走向单纯寻求笔试高分的极端趋势，这一方面占用了学生的大量时间精力，另一方面忽视了教育的效果，培养的外语人才高分低能，考试能力很强，应用能力很弱，不能运用所学语言很好地胜任具体工作，无法适应时代对应用型外语人才的要求。

（八）考核方式不够科学

以试卷为主要形式的终结性考核方式已无法实现对应用型人才的科学评价。学生的学习过程呈现出动态的不均衡性，每一个学生都无法做到每堂课都保持同一种状态。以往的试卷式考核方式片面地截取学生某一种状态下的学习表现，忽视了对学生学习状态的整体性评价。这种考核方式过于刻板，不利于学生保持持续的学习积极性，也无法客观反映出学生的实际操作能力。在注重实践的教学方式下，如何对学生形成连贯的、动态的、客观的评价才是科学考核方式应体现的要素。

总之，传统外语类人才培养已经显示出其与经济社会发展的不适应性，复合型和应用型外语类人才是应时代发展之需的新型人才类型。提高学生的文化人文素质，拓宽他们的思维方式，健全他们的人格结构，培养他们的智性发展，使他们获得可持续发展的潜能，是高校外语教育教学迫切的任务。

三、资源环境与培养要求不相适应

应用型、复合型、外向型的人才培养目标要求教学及教学管理的资源与人才培养目标相匹配。而现实中的外语类人才培养虽然设置了应用型、复合型、外向型的人才培养目标，但其教学资源和环境与培养目标并不符合，表现在实践教学、合作资源、师资结构以及硬件设施及管理条件等方面。

（一）实践教学欠缺

要培养应用型外语人才，实践教学环节不可或缺。实践教学环节包括课上实践和课外实践，包括校内实践和校外实践等。现有外语专业的人才培养方式，理论与实践脱节情况仍然严重。

首先，在人才培养理念上，高校与用人单位存在差异。高校更多地注重学生的基本理论和基本技能的培养，多以知识输入为主，而企业和用人单位则希望学生能够直接可用，上手快。对于本科应用型人才来说，理论知识和岗位技能之间需要协调和平衡。目前，应用型本科教育课程的理论课程和实践课程没有得到较好的整合，课程设置不尽合理，往往各成体系，相互独立，基本上都是先上理论课程，再上实践课程。学生由于没有感性认识，容易造成理论知识的空泛，无法使学生真正掌握知识，再通过实践过程将其内化为能力。

其次，在实践教学计划安排和评价上不合理。与工作密切相关的实践课程多被安排在高年级，造成实践周期太短，不利于实践能力的培养。另外，课程评价模式较为单一，成绩评定方法不够科学。

再次，外语教学的实践教学环节安排不合理。有的仅有象征性的机器实验室教学环节，有的只有到专业实习或毕业实习时才可以到企业或行业进行实践锻炼。在课堂上没有大量的运用语言强化技能的实践机会，在学生踏入社会前没有给他们提供充足的接触社会、进行实践活动的机会，使毕业生所学理论与实际需求相脱节，实践能力非常缺乏。即使是面对专业对口的用人单位也会因实践能力严重欠缺、没有吃苦耐劳的精神而被拒之门外。与此同时，实践教学和社会实践欠缺，也使得学生的思维能力、创新能力、分析问题和解决问题的能力不强。事实证明，缺少实践的学生应用能力相对较弱，更难以适应当今经济社会发展的需要。

（二）合作资源不足

实践能力和应用能力的培养，还必须有相应数量和质量的校企合作资源，而当前绝大多数的外语类高校校企合作数量不足，合作深度不够，合作制度滞后。多数应用型高校的校企合作仍不够顺畅，教学合作管理的配套制度未能建立。这已经成为应用型外语人才培养的瓶颈所在。学校方面应当下大力气挖掘和建立校外实训实习基地，并利用好这些合作基地，使这些基地真正成为学生提高应用能力、实践能力以及适应能力的平台和场所。

（三）师资结构不匹配

在我国许多高校中，外语教师队伍的人员构成存在问题。首先，从教师方面看，既精通外语又熟练掌握金融、贸易、管理、计算机等方面知识，有一定行业背景，具有国际化视野的应用型、复合型、外向型外语教师相对匮乏。大多数外语教师是高校外语专业毕业生直接任教，他们自身没有接受过自然科学以及社会科学的系统化学习，他们没有实践经验，不了解学生将要面对的实际工作岗位。这样就很难在教学实践中向学生有效地传达相关专业知识。教师没有达到应用型、复合型、外向型，当然很难满足应用型人才培养目标要求，难以培养出经济社会发展所需要的应用型、复合型、外向型外语人才。所以，当前很多外语类高校的师资队伍不能满足应用型人才培养的需要。其次，从校方看，配套的应用型的教师队伍也没有建立起来。高等院校普遍重视教师的学历培训，出台了一系列的政策鼓励教师在职攻读硕士学位、博士学位，而忽视了教师的实践能力培养。教师职称评定体系单一，强调了学历要求和科研成果，对教师的实践能力则没有明确的规定。对师资的评价仍然是以学术性为标准，对教师主要注重学术理论水平，对实践方面的业绩缺乏有效的激励措施。所以，目前我国应用型本科院校的大部分外语教师表现为实践能力欠缺，自身不能成为双师型的教师则不能有效指导学生进行实践活动，从而不能适应本科应用型人才培养的需要。

（四）信息化教学环境建设滞后

要实施应用型人才培养，与教学相关的硬件设施和软件环境也应该跟上，即需要完善的信息化教学环境。一些外语高校的信息化教学环境建设滞后，距标准的信息化教学环境还有一定的差距，很难第一时间实现资源共享。一是从硬件环境看，高速宽带校园网络覆盖面窄，有的仅仅局限于教学楼，而非图书馆、宿舍楼、体育馆、操场等全覆盖，网络宽带不能满足慕课、翻转课堂等在线网络教学的基本要求；多媒体教室和虚拟实验室功能不完善，学生难以通过多媒体机器进行自主学习，并与教师用的计算机连接起来，实验室比较老旧，电脑等设备运行缓慢；没有建立校园广播教学系统，如校园广播网、校园无线调频外语广播；学校没有专门的服务器和存储设备，用来存储外语多媒体教学材料、软件等等。二是在软环境方面，教学系统平台管理、开发、应用不够，学生从中获得丰富的外语学习资料和背景资料困难，教师在平台上设计课程、制作课件，指导学生学习，批改学生的作业不够或不普遍。

（五）对学生职业资格证书引导教育和鼓励创业不足

职业资格证书对高校学生特别是应用型本科大学的学生就业能够起

到较好的促进作用，为学生的就业创业提供了便利条件。然而，目前的教学运行体系仍然是以学术性人才培养为内核，注重学业成绩，即使对实践教学有所重视，但对与学生专业对口或接近的职业缺少调研，进而对职业证书引导教育缺失。此外，教学管理制度缺乏灵活性和个性化，致使部分学生希望在校期间进行创业的想法难以实现。

第四章

吉外应用型人才培养模式的理念设计

第一节　吉外的教育观

一、坚持走公益性办学道路，办最负责任的教育

吉外提出办学要无愧于"家长的信任、学生的时间、社会的关注和教育者的良心"。在这一思想主导下，学校以对学生、对社会、对国家、对人民高度负责的精神，致力于办最负责任教育。坚持公益性办学，实施特色发展、内涵发展以及国际化发展战略，走出了一条"民、特、新"的办学之路。

（一）坚持非营利性办学，无私奉献社会

弘扬非营利，捐资办学。吉外创办者为国外诸多百年大学公益性办学思想，献身教育事业的崇高信念、取之于社会、回报社会的非营利理念，为社会培养有教养合格公民的自觉精神所感动。创办者认为，世界前100名私立大学绝大多数是非营利性私立大学，其资产和创始人早已没有关系。基于对教育的深刻理解，对教育的挚爱与追求，创办者为学校确立了坚持公益性办学思想、走非营利性办学道路、建成百年名校的宏伟目标。建校之初，学校就把公益性办学思想写入章程，一直致力于

研究探索符合国情的非营利性办学模式，并以实际行动回报社会。2006年，创办者通过司法公证郑重承诺："吉林华桥外国语学院偿还债务后的所有财产，在我身后，全部留给社会，继续用于发展国家的教育事业，以法律形式明确学校所有资产属于社会。"

积极探索，引领发展。学校非营利性办学得到教育部的高度重视。2010年，学校被国务院批准为国家教育体制改革试点单位，承担起探索非营利性民办高校办学模式试点任务。试点工作开展以来，学校在非营利性民办高校的认定标准、产权制度、法人治理、办学模式等方面进行了深入的理论研究和实践探索，取得了丰硕成果，为《中国民办教育促进法》的修订提供了实证基础和依据。学校非营利性办学模式的实践做法，在国务院《关于鼓励社会力量兴办教育促进民办教育健康发展的若干意见》中有所体现。时任国务院副总理刘延东对学校非营利性办学经验亲笔批示给予充分肯定。学校的非营利性办学经验，也得到全国民办高校的广泛认同和积极响应。2013年，学校发起成立了全国非营利性民办高校联盟，被推举为主席单位。学校多次在全国性会议上介绍办学经验。2014年，创办者在国家行政学院为全国民办高校董事长做培训报告。2015年，创办者代表教育界委员在全国政协大会上做了《着力制度创新，大力发展民办教育》的发言，同名提案被评为国家优秀提案。2017年，创办者受邀在广东省民办高校董事长专题会议上做了题为《高举公益性办学旗帜，积极探索非营利性民办高校办学模式》的报告。学校在非营利性办学方面，走在全国民办高校前列，成为民办高等教育改革发展的重要引领。

精神感召，践行公益。办学24年来，创办者始终坚持不要任何回报，办学积累全部用于学校事业发展。创办者的公益思想和奉献精神，深深地感染并影响了全校师生。教师的主人翁意识显著增强，敬业爱生、无私奉献已蔚然成风。一位在学校工作近 20 年的老教授说："我是在创办者公益精神的感召下来到吉外工作的，这里师生平等，人际关系简单，是真正办教育的地方。"学生的社会责任感明显提升，服务社会已成为自觉行动。学校的公益精神深深感染着学生，使学生在学习之余积极参与志愿服务活动，为社会服务。

（二）坚持立德树人，培养具有家国情怀的高素质人才

德育为首，注重思想引领。学校重视党建和思想政治工作，落实"立德树人"的根本任务，加强民办高校思想政治工作的研究与实践，形成了思想政治工作的新机制和新模式。坚持德育为首的育人理念，实现了"全员、全过程、全方位、全住宿"育人模式，创建了"六位一体"学生工作机制，有效促进了学生思想品德、人文修养和职业素养的提高。学校坚守思想教育主阵地，深化思想政治理论课改革，构建了"专题＋实训＋实践"的课程体系，引导学生"学会做人、学会学习、学会做事、学会与人相处、学会关心社会"，努力培养符合时代要求的德、智、体、美、劳全面发展的优秀大学生。学校注重培养学生的家国情怀和高度的社会责任感，开办了"吉外人中国梦"大讲堂、"道德讲堂""大使讲坛""名家讲坛"等，定期举办"主题报告会"专题讲座等活动，深受学生欢迎。在吉外，最深入学生内心的一句话是"学好外国语，做好中国人"。作为一所外国语大学，防止和抵御西方敌对势力思想和文化的渗透，让师生有坚定的理想和信念，有政治归属感，是学校创办者的重大关切。创办者经常说，要让每一个走出吉外的学生都具有家国情怀和高度的社会责任感，成为对社会有用的人。

文明修身，培育行为养成。学校针对外语外事人才的职业要求，组织开展了"文明修身工程"，建立了规范学生礼仪养成的长效机制。在学生中全面实行问好制、校服日、住校制，小到站姿坐姿，大到人生观

的确立均提出明确要求。学校建立礼仪社团，定期聘请专业人士进行授课和培训。为巩固行为养成教育成果，学校组织学生深入开展社会实践，参与志愿服务活动。上海世博会、北京奥运会、残奥会以及一年一度的东北亚博览会、汽博会、农博会、书博会、雕塑展、瓦萨滑雪节等重大活动中，总能看到吉外志愿者忙碌的身影。一些学生还远赴波兰、土耳其、菲律宾、俄罗斯等国做海外志愿者。许多同学表示：走出校门、走进社会，才发现学校的行为养成教育是多么重要，让自己看到了自身的价值，获得了更多的自信。义乌市跨境贸易电子商务协会贾才明会长说："我之所以愿意用吉外的毕业生，不单单是因为他们翻译水平高，更因为他们综合素质好，为我在国外顺利开展工作创造了很多有利条件。"

文化孕育，促进素养提升。24年的办学经历，培育了具有学校自身特色的大学精神和大学文化。如"求公致远，追求百年"的公益精神，"会通中外、服务祖国"的桥梁精神，"开拓进取，负重拼搏"的创业精神，"严细科学、务实求精"的治学精神；形成了"会通中外、砺志敦材"的校训，"致远、务实、求精"的校风，"敬业爱生、博学善导"的教风，"自律自强、求是求新"的学风，"简单做人、踏实做事"的行为准则，以及"天下大事必从细而做""严、精、细"的工作作风等。这些精神激励着吉外人对教育事业不懈追求，也成为促进学生素养提升的重要财富。学校通过文化建设，以一种潜移默化、润物细无声的方式影响和激励学生形成共同的价值观，让每个吉外毕业生都深深地打上母校文化烙印，使学生受益终身。一位在海外工作的校友说："学校的校训一直深刻影响着我，虽然我身在海外，但始终从事着国家间搭建文化交流桥梁和纽带的事业。"一位创业成功的校友说："'天下大事必从细而做'是我成功的秘诀，现在已经成为我的座右铭。"

二、坚持人才培养中心地位，培养应用型、复合型、外向型人才

（一）满足学生个性发展需要

学校始终坚持人才培养中心地位不动摇，正确处理教学工作与其他工作的关系，实现本科教育与研究生教育，教学与科研、管理等工作协调发展。全校上下形成了"领导重视教学、政策倾斜教学、经费优先教学、科研促进教学、管理服务教学、舆论导向教学"的良好氛围。近年来，学校通过开展"以学生为中心，办最负责任教育"思想大讨论、高等教育改革发展形势主题报告等活动，进一步厘清了学校教育教学工作发展思路，创新了教育教学工作机制，增强了广大教师对学校教育教学工作的认识，明确了本科教学工作的任务和重点，统一了思想、达成了共识，进一步确立了人才培养中心地位。

吉外人才培养目标充分考虑到了学生的全面发展和个性发展需求。一方面，学校通过设置思想政治教育、外语、文化与文学、健康教育与艺术、创新创业教育、经济管理法学、信息技术 7 个通识课程模块，强化第一课堂与第二课堂结合与互动。开展大学生"双创"训练、暑期社会实践、专业实习等活动，培养学生的综合素质与创新能力，促进学生全面发展。另一方面，根据不同的专业人才培养目标定位，设置不同的课程体系和培养路径，通过"快车道""实验班"等形式，满足学生的个性发展需要。

（二）坚持精品、高质、一流

坚持精品办学，培养具有实践创新能力的应用型人才。一是保持定力，高品位办学。学校在建校之初就提出"不求大而全，但求特而精"的精品办学思想并积极践行。首先，在规模和质量之间，学校更加注重质量。在民办高校普遍扩大规模的形势下，学校一直控制规模，不盲目

增加数量，在校本科生始终控制在万人以内，坚持"小班授课、外教主讲、强化听说、全程管理、综合培养"的外国语教学模式，保证了人才培养质量。其次，坚持定力、不受诱惑，把全部精力用在教学上，打造品牌专业、品牌团队和品牌课程。再次，在专业教育和素质教育之间，更加注重素质教育。学校始终致力于培养学生知识、能力、人格的全面发展，突出德育为首，健全学生人格塑造，使学生成为具有高度社会责任感、综合能力强、人格健全的应用型人才。学校牢固树立质量意识、品牌意识和素质教育意识，实现了高品位办学追求。二是强化内涵，高质量办学。学校始终把教育教学质量视为"生命线"，把培养社会需要的高素质人才作为第一要务。首先，科学设定人才培养目标。坚持应用型人才培养定位，围绕经济社会发展需求，合理制定培养方案，建设应用型课程体系，保证培养目标和社会需求相适应。其次，高度重视师资队伍建设。探索"专、兼、外"优势互补、协同发展模式，特别重视引进高层次人才、职业人和培养"双师型"教师，使师资队伍满足应用型人才培养需要。三是深化应用型人才培养模式改革。构建"多语种翻译＋语言服务体系"，形成服务汽车、会展、旅游、传媒等领域的多语种专业群，为学生提供产学融合的途径，促进应用型人才培养质量的提升。学校用一点一滴的探索和努力，坚守了高质量办学的追求。

（三）坚持专业融合与国际化办学

复合型人才主要是"一专多能"的人才，具有宽厚的专业知识和优良的文化素养，具有多种能力和发展潜能，在专业技能方面有突出经验。吉外确定了"外语＋专业""专业＋外语""双外语""小语种＋英语＋专业"等复合人才培养模式，通过开设跨学科专业课程和通识课程，开办双学位、辅修专业，提供国际合作项目等，拓展学生的专业背景和知识面，提升学生综合素质，促进学生全面发展。吉外加强顶层设计，推进国际化进程。国际化办学是全面支撑应用型、复合型、外向型高素质外语外事人才培养和高水平外国语大学建设的需要。学校适应世界高等教育发展趋势，制订实施了《国际化办学提升计划（2016—2020）》，明确国际化办学的总体目标和重点任务，通过建立国际化办学长效机制，加大"学生国际化、教师国际化、科研国际化、国际化环境氛围、国际显示度"等方面的建设力度，走向世界，开展全方位、多领域、全覆盖的国际交流与合作，加快国际化办学进程。系统推进学生国际教育工程、国际课程建设工程、国际教师队伍建设工程、国际合作科研平台建设工程、校园多元文化建设工程和国际影响力培育工程等六大国际化工程，以促进学校国际化办学水平的显著提高。

三、坚持内涵发展，提高教育教学质量

（一）以学科建设为龙头，构建人才培养的基本单元

基于学校"文、经、管、教"等学科建设，吉外的《"十二五"专业建设规划》确立了"稳定规模，优化结构；统一规划，分批建设；质量第一，特色发展"的专业建设原则，并依据"抓改革、搭平台、促质量、上水平"的建设思路，不断充实专业建设内涵。《"十三五"专业建设规划》进一步突出专业特色发展，紧密围绕"一带一路"建设和参与全球治理的人才需求，积极发展国家亟需的非通用语种专业，增加艺术、工学学科门类，强化经济学、管理学、新闻传播、中国语言文学等学科专业建设，为"多语种翻译＋"和国际组织人才培养提供多学科专业支撑。

（二）以师资队伍建设为保证，满足人才培养的基本条件

梅贻琦曾说："所谓大学者，非谓有大楼之谓也，有大师之谓也。"

教师是高校人才培养的直接执行者和参与者，对人才培养和学校发展有着不可替代的关键作用。提高教育质量的任务，终究要由教师承担。教师队伍建设是办学的基本工程。在应用型人才培养视角下做好创新型复合外语人才培养，其关键是教师队伍建设。[①]

吉外根据办学定位及发展目标，科学制定了"十二五"和"十三五"师资队伍建设发展规划，并实施了"人才战略工程"和"国际化战略工程"，启动了"吉外名师""吉外英才""吉外优青"等师资人才培养项目。在学科专业带头人方面，注重培养和引进高层次应用型人才；在教师国际化方面，加大国际交流与合作力度，提高师资队伍的国际化水平；在青年骨干教师培养方面，重点培养中青年骨干教师，完善不同层次优秀人才的培养与激励机制，促进教师队伍的可持续发展。

（三）以教学改革为手段，优化人才培养的各项基本要素

进行培养方案的制定、执行与调整。吉外自 2003 年获批为本科院校以来，围绕经济社会发展对人才培养规格的新要求，先后多次对人才培养方案进行了修订和调整。采取教育机制、教育方式、教育制度相配套的人才培养方式，明确了人才培养标准和规格，形成了对人才培养全过程、全方位的科学设计。经过不断完善，遵循"知识、能力、人格全面发展；以学生为中心，以成果为导向；创新人才培养模式，优化课程体系；注重'双创'能力培养，强化实践育人"的原则，面向行业职业岗位能力，全面设计人才培养各个环节。

进行课程的数量、结构及优质课程资源建设。吉外的《"十二五"课程建设规划》明确了"以专业培养目标为依据，以校级优秀课程为

[①] 潘懋元. 大学教师发展论纲—理念、内涵、方式、组织、动力［J］. 高等教育研究，2017（1）.

基础，以省级优秀课程为重点，以省级精品课程为示范，以国家精品课程为品牌，建设优质课程体系"的总体建设思路。《"十三五"课程建设规划》提出，贯彻落实"以学生为中心，办最负责任教育"的教育理念，改革课程建设思路，即更加关注学生的学习成果和学习质量；完善应用型课程体系，包括模块化的理论教学课程、进阶式的实践教学课程和德育为核心的素质教育课程；积极拓展和打造优质课程资源，包括"双师型"（职业人）课程、双语（全英）课程、在线开放课程以及校际共享课程等。在课程建设规划的指导下，学校先后下发了关于开展质量工程项目、双师型课程、双语课程、在线开放课程建设等文件，制定和完善了《校级优秀课程评估指标体系及等级标准》《课程建设经费使用与管理办法》《课程建设实施方案》等评估标准和实施办法。

在课程资源建设方面的具体举措有：一是积极进行校本特色课程资源建设。学校以大型综合性语言实践教学基地——"地球村"为依托，结合各"语言村"语言文化元素，进一步丰富了外语专业语言文化类课程教学资源，打造了具有吉外特色的全新课程。二是校企合作课程资源开发。学校立足吉林省地方经济，联合企业和地方政府，积极开发课程资源。近些年，相继开发了商务英语翻译、英语教师职业技能、旅行社实务实训等课程资源。三是搞好课程的延展建设，即采取多种措施进行教材建设。吉外积极进行教材建设，引入优质课程资源，提高优秀（应用型）教材选用率，保证高质量教材进课堂；本着选编结合、以选为主的原则，制定和完善了《重点教材立项管理办法》，对自编教材进行立项资助。力争出版自编精品教材、特色教材。在教材选用上，选用符合应用型人才培养定位的教材，选用国家级规划、教育部推荐、行业规划以及公认的优秀教材，选用先进的国外原版和电子教材。

第二节 吉外人才培养的总体思路

人才培养模式改革的思路，决定了一所学校改革目标是否能实现、实现的效率和未来的发展方向。因此吉外自建校以来，深入进行顶层设计，确立了了吉外人才培养模式改革的思路。

吉外人才培养模式改革的总体思路是，以培养具有国家意识和国际视野，掌握一到两门专业，外语听说能力强，知识、能力、人格全面发展的应用型、复合型、外向型高素质外语外事人才为学校人才培养总目标；以应用型、复合型、外向型外语人才及培养模式的建立、改革和创新为实现途径；以科研和国际交流为两翼，以公益性和非营利治理结构为组织保障，探索未来发展增长点。

吉外人才培养和模式的改革，要在明确应用型、复合型、外向型的外语人才的定义、基本特征、培养目标及其培养模式要解决的主要问题的基础上，厘清"三型"外语人才和培养模式的相互关系，进而明确吉外的培养理念、总目标、规格、途径、培养过程、改革途径、改革动力和保障因素（改革过程）等方面因素的重要作用。

一、明确人才培养的目标

（一）人才培养目标确立依据

1. 服务国家对外语人才的需求

满足国家对外语人才的需求，是吉外办学的出发点。以"外语 + 专业"等的培养模式为初衷，以服务国家特殊需求和国家战略（倡议）为吉外的崇高使命，为国家培养急缺的外语外事人才，如翻译硕士是为东北亚和长吉图培养外语人才，"一带一路"语言文化服务协同创新中心是为了"一带一路"的需要。

2. 服务国家"一带一路"建设的需要

"一带一路"建设是外语人才培养模式改革的重大契机，无论是应用型、复合型，还是外向型人才培养，都要在这一背景下，深入进行研究人才培养模式的改革。在专业设置上，要增加以应用型人才培养为目标的专业数量，根据"一带一路"建设对小语种人才的需要，根据学校的优势和特色，尽可能多地设置小语种专业。目前，已经增设蒙古语、波斯语、印尼语等"沿岸"语种，学校已经成为东北三省语种最全的高校。

3. 服务东北亚区域经济社会发展

吉林省地处东北亚区域中心，与东北亚各国合作潜力巨大，亟需能够参与国际事务和国际竞争的外语外事人才。吉外作为吉林省唯一一所外国语大学，作为吉林省应用型高素质外语外事人才培养基地，有责任为国家、地方经济社会发展、国际交流与合作等提供智力支撑和人才保障。同时，吉外作为东北地区语种最多、特色鲜明的世界多语言文化教育中心，已按照类别对专业进行合理规划，实施分类特色培养，集中打造了以外语学科专业为主，满足东北亚建设需求的多语种翻译＋语言服务体系，成为培养"多语种翻译＋"人才和创新研究生人才培养模式的基地。

（二）吉外人才培养的目标

培养既懂专业又懂外语的外语外事人才，是吉外建校的初衷。建校以来，为充分发挥吉外民办高校的优势，进行持续性创新和系统化改革，吉外在深入研究外语人才培养理论的基础上，结合学校外语人才培养实践的需要，确立了培养应用型、复合型和外向型的外语人才思路，应用型是吉外培养的各类人才具有的共同特点。复合型、外向型这两种类型人才的培养，都要符合应用型人才培养的方式、方法和途径，并在此基础上根据专业的不同特点加入适应复合型和外向型人才培养的必要内容。

"三型"人才培养目标各有侧重。一是应用型人才多是复合型的，知识复合型人才不一定是应用型的。二是"三型"人才对应的专业不同，从适用的专业来看，应用型人才培养模式适用于学校开设的各个专业；复合型人才培养主要采取"外语 + 专业""专业 + 外语"模式的形式；外向型的外语人才，对外语专业比较好理解，对非外语专业突出外语水平的提升，增强专业的国际化水平。三是"三型"一体，三种外语人才培养综合作用于吉外的学生，尤其是不同专业构成和定位的学生，从不同侧面、方式、途径来进行人才培养，使学生达到"三型"人才的共同要求。

二、调整人才培养规格

在人才培养规格上，吉外始终坚持党和国家的教育方针，遵循高等教育发展的客观规律，突出办学优势，强化育人特色，坚持应用型人才培养目标，全面提高应用型人才培养质量，充分吸收国内外优秀教育教学改革与研究成果，"以学生为中心"，创新人才培养模式，优化课程体系，加强实践环节，更新以社会需求为导向的课程内容，利用现代教育技术改革教学手段，调动师生教与学的主动性和积极性，着力提高人才培养质量。

（一）明确培养规格的制定原则

1. 坚持知识、能力、人格全面发展的原则

围绕应用型人才培养目标，坚持知识、能力、人格的全面发展和综

合提高，使学生的思想政治道德素质、科学文化素质、身心素质、专业素质、语言综合运用能力、跨文化交际能力、实践创新能力和适应发展能力得以协调发展和提高，使之具备较高的职业素养和能力，以适应社会和地方经济发展需要。

2. 以学生为中心，以成果为导向的原则

以"学生中心、成果导向、持续质量改进"的教学理念为指导，系统推进专业教学改革，将人才培养过程从教师中心转向学生中心，树立专业、课程、实践成果意识，全面提高专业人才培养质量。

3. 创新应用型人才培养模式，优化教学体系的原则

在"外语＋专业""专业＋外语""双外语""小语种＋英语＋专业"等基本人才培养模式的基础上，深入推进应用型、复合型、外向型的人才培养模式改革，即以市场需求和职业（行业）需求为导向，以专业应用能力培养为主线，优化理论教学体系和实践教学体系，使课程设置、实践环节安排目标更加合理。

4. 发挥外语优势、突出国际化的原则

加强国际交流与合作，利用中外合作办学项目、国际化改革试点专业，构建具有国际化特色的课程体系；加强校内"地球村"的建设，进一步完善实践教学内容；把培养具备国际视野、能够进行跨文化交流、合作和参与国际竞争的高素质人才作为人才培养的重要内容，凸显国际化办学特色。

5. 注重创新能力培养，强化实践育人的原则

注重学生创新精神和实践能力培养，加大实践教学比例，加强学生实践能力培养。根据专业人才培养目标，更新实践方案，优化实践内容，加大实践投入，做实、做好认知实习、专业实习、毕业实习、综合技能训练等，开展常态化创新创业活动，确保实践教学贯穿人才培养全

过程，培养学生实践动手能力以及分析问题、解决问题的能力，强化实践育人。

（二）科学设计总体培养规格

吉外"全套人才培养规格及方案"，包括知识培养方案、能力培养方案和人格培养方案三个方面的内容。

1. 知识培养方案

学生应具有的知识要素主要包括通识性知识和专业性知识。通识性知识，是学生必须了解和掌握的人类、社会、自然发展及其规律的基本知识和基本理论，是高等教育人才培养中最基本的知识部分。专业性知识，是学生必须了解和掌握所学专业的专业理论知识和专业实践知识，其中专业理论知识应强调"知识面宽、基本功扎实、内容新颖、注重实用"，即"宽、实、新、用"，为培养学生的专业能力打下基础；专业实践知识强调与训练、实验、实训、实习等各项实践环节相结合而获得的专业技能、经验、经历和体会等，它与理论知识同等重要。

外语人才要更好地为祖国服务，不仅要有扎实的外语知识，全面掌握听、说、读、写、译各项语言技能，同时还必须掌握外经、外事、外贸、法律、金融、旅游等与外语专业人才所从事工作密切相关的应用知识，加强人文学科与其他学科知识的融通。与此同时，外语专业人才不仅要了解所学语言国家的国情与文化，还应加强对中国文化及中国国情的了解，否则就不可能顺利实现跨文化交际的目的。

2. 能力培养方案

学生应具有的能力要素主要包括专业能力和基本能力。专业能力就是通过专业课程的教学和专业实践教学，培养和提高学生的专业技能，锻炼和提高学生主动思考、分析问题和解决问题的能力，使之具备一定的科研能力、创新意识和创新实践能力，以期能创造性地解决实际工作中的问题。基本能力主要是职业工作能力，包括汉语言表达能力、外语综合应用能力、跨文化交际能力、现代技术运用能力和组织管理能力，还有学习能力、适应社会能力以及与人相处和沟通能力等。

通过各教学环节，尤其是通过加强实践教学，使学生能够熟练操作计算机，能够综合应用办公自动化软件与硬件，培养学生的实践动手能力与办公技能，以适应信息化社会的需求；具有很好的语言与文字表达能力，学会与人沟通，具有团队协作意识；有进取精神及服务于社会、世界的意识，具有一定规划、组织、领导、协调等基本管理和自我约束、自我教育的能力；具有较强的学习能力，增强社会适应能力。

能力培养要全方位、全过程、面对全体学生。注重课堂教学，并采取课内与课外相结合、校内与校外相结合、走出去和请进来相结合、集中和分散相结合等方式，可以按单位或分小组开展活动。校内：提高课堂教学质量，注重知识向能力的转化，培养学生分析问题和解决问题的能力；充分利用校内实践教学基地国家级实验教学示范中心——地球村、模拟实验室等开展各种实验、实训活动，确保综合技能训练的实效；抓好课外阅读和专业社团等活动的组织和落实；严格毕业论文（设计）的过程管理等。校外：开拓社会实践基地，开展校企合作，采取合作就业、合作发展等形式，建立稳定、互动的合作关系。由各院（系、部）组织学生去有关部门及单位参观学习，结合专业对若干问题进行专业调研，积极开展专业实习和毕业实习等专业实践活动，提高学生的专业素质和能力。

3. 人格培养方案

素质主要包括思想道德素质、文化素质、身心素质和职业素质，思想道德是指人格，为了突出素质四个内涵的思想道德，吉外提法是"人格"，人格教育核心问题是培养什么人，核心内容是教会学生做人。

人格培养要全方位、全过程、面对全体学生；在实践过程中，吉外提出健全的人格是综合素质的培养目标，重视学生健全人格的培养是为了满足学生成人、成才、成功的需要，健全人格培养的路径，即通过人格教育、体验、养成等环节，让学生形成正确的思考方式、积极的心态和良好的习惯，最终使学生学会学习、学会做人、学会做事、学会与人相处、学会关心社会。人格教育环节主要通过思想政治理论课、道德养成礼仪教育讲座、心理健康教育讲座、大学生职业发展与就业指导等课程的教学，让学生认知人生、社会、心理的正确道理与有效方法；人格体验环节主要通过社会实践、素质拓展训练、第二课堂、社团活动等活动，让学生体验人格素质的重要性和掌握其基本要领；人格养成环节则体现为在学生日常生活、学习、工作中把良好的人格素质变成自身的行为习惯；同时，加强校园文化建设，大力营造学术氛围，注重教师的言传身教，继承和发扬学的优良传统，养成懂礼仪、讲诚信、守纪律的好习惯，最终培养出人格健全的学生。

三、开拓"五元互动"的育人途径

要充分发挥吉外、兄弟院校和国际同类院校、企业、行业、政府五个主体在外语人才培养模式中的作用，开拓"五元互动"的育人途径。

整合校内育人资源。一是坚持以教学为主，一切为了学生，教学为首，教师为首，学生为首；校内资源向外语教学倾斜，行政和科研围绕教育教学展开。二是加强实践实训教学，调动和整合校内各方面的资源。

加强校校合作育人。学校注重加强与北京外国语大学、上海外国语大学等国内"双一流"大学的合作，创新人才培养方式、加大师资建设力度。学校不断加强与国际名校的合作，以提升外语人才培养的国际合作层次和水平。

加强校企互动育人。一是在现有 200 余家合作企业中遴选值得深入开展合作的企业，建立更为有效的实践教学和合作教育的平台和机制。二是继续加强与"一汽"等企业的联系，深入推进语言实践教学、外语培训等方面工作，以促进本校应用型师资队伍的成长和语言实践教学改革的深入推进。三是加强与中译语通等语言技术企业的联系，建设好吉林省"一带一路"语言文化协同创新中心，深入开展语言创新方面的合作，为吉外学生赢得引领未来语言服务发展的理念和外语技能。

加强校行合作育人。加强学校和行业的合作育人是培养应用型人才的必由之路，可以从以下三个方面加强校行合作育人：一是学校加强在全国翻译行业及翻译协会的影响力。二是学校发起成立了吉林省翻译协会，加强与吉林省翻译协会及会员单位的合作。三是广泛开展国际互动，与国际语言人才培育高校和高端翻译人才的合作，是未来学校发展的一个重要方向。

加强校政合作育人。一是加强与相关语种大使馆的关系，在开展好"大使讲坛"活动的基础上，建立更加紧密多样的合作关系。二是加强与省外事办、省政府等的深度合作，积极举办或参与外事活动，搭建学生和教师参与外事外语活动的长效机制与平台。

四、建立"六位立体"的保障体系

建校以来，尤其是 2010 年以来，吉外开展系统性改革，初步建立了学科科研、教学教务、教师发展、国际交流、学生工作、后勤总务的"六位立体"的保障体系。

（一）促进以应用型院校建设为目标的学科科研发展

在 24 年的发展中，吉外以教学为中心，教学质量得到社会各界的广泛认可。近年来，尤其是"十三五"确立了"申大"和"申博"目标以后，吉外将学科群建设和科研发展作为全校工作的重中之重。在学科群建设方面，要进一步完善学科发展机制，加强学科建设委员会、学科规划办公室等机构的建设，发挥各学科在科研建设方面的主体性作用。在科研方面，要进一步凝练科研方向和科研优势，产出具有标志性的科研成果，争获在国内相关科研领域的话语权；建设全国性的、高水平的科研平台；进一步创新和完善科研工作机制。

（二）提升以人才培养层次为"引擎"的教学教务水平

吉外发展 24 年，已经实现了从非学历、专科到本科、硕士教育的提升，目前已经成为博士立项建设单位。办学层次的提升，不是为了攀比，而是为了以此为平台凝聚各类资源，提升应用型人才公信力，开拓教师专业发展空间，吸引国际国内顶级专家加入，以最终实现高水平应用型外语人才的培养目标。因此，吉外以提高教育层次为目标，整合教学资源，改革教务管理体制机制，建立一整套适应吉外应用型院校建设需要的教学教务系统。提高学位层次，获取培养专业硕士和专业博士授权资格，形成聚集效应和光环效应，为吉外凝聚更好的师资、研究力量，进而促进课程开发、高水平教学实践等，最终促进人才培养水平的提高。在国家政策允许的前提下，吉外始终努力提升学位授予层次，争取更多硕士点和博士点。2018 年，吉外被国务院学位委员会批准为硕士学位授予单位，获批翻译、教育学、会计三个硕士学位点，成为全国第一所取得硕士学位授权单位的民办高校，今后要争取获得专业博士学位授权。

（三）建立积极稳健长效的教师发展制度

师资是应用型人才培养的关键，建立完善的教师发展制度是学校近年来工作的重点。学校从顶层设计上为教师个性化的发展进行了规划，于 2014 年成立了教师教学发展中心。该中心的宗旨是围绕学校中心工作，根据教育教学改革和提高人才培养质量所需，面向全体教师，特别是中青年教师、基础课教师，针对教学中亟待解决的现实问题与发展愿景，整合优质教学资源，加强教学改革研究，通过教师培训、质量评价、教学咨询等活动切实提高教师教学能力与水平；完善教师教学发展机制，为教师提供全方位、全过程服务，逐步扩大中心在区域内的辐射与示范作用，为实现高教强省和学校总体目标提供人才支持。该中心主要职能是制定教师教学发展规划、教学改革与教师发展研究、教师培训、业务交流与合作、教学质量评估、教学咨询服务、优质教学资源建设等。可以说，吉外积极稳健长效的教师发展制度已经形成。今后，还将继续不断创新教师发展制度，采取提升教师职业发展层次和水平的措施，开拓更多的教师发展机会，内培外引，为高水平应用型人才培养奠定更加坚实的师资基础。

（四）开拓高层次的国内外交流与合作

吉外高度重视多元文化交流的作用，有意识地通过促进多元文化交流与融合来开阔外语专业学生视野，培养其国际意识和国家情怀。首先，深入开展国际文化交流。在国际文化交流方面，以促进多元文化的交流与融合为精神引领，积极开展国际交流方面的建设。一是建设了实体机构，在 21 世纪初成立了国际交流与合作处，负责国家交流工作；2004 年设立了实体研究机构——中外文化研究院，研究中外文化交流；2013 年成立了联合国二类组织——世界多元文化中心。二是定期举行国际会议，开展国际学术交流。为适应应用型、复合型和外向型人才培养的需要，学校不断开拓交际交流与合作的数量、范围和合作内容，有针对性地深化国际交流与合作。其次，深入开展国内交流与合作。深入开展国内交流与合作，有利于为培养应用型、复合型和外向型的外语人才提供良好的实践教学和实习的平台，创造又多又好的就业机会，因此要加大力气开展国内交流与合作。学校专门设立了对外合作办公室，负责国内教学实践基地的开发。

（五）打造"素质教育"为中心的学生教育管理制度

吉外坚持"以人为本""德育为先"的学生教育管理思想。从贯彻落实学校的办学理念，一切为了学生成人、成才、成功出发，认真做好管理育人，服务育人工作。

提出了"七个一"育人系统工程，其主要内容为：一是高举"一面旗帜"，即"公益性办学"旗帜，明确了民办高校健康发展的方向；二是确定了"一个目标"，即"知识、能力、人格全面发展"的育人目标，明确了民办高校应该培养什么样的人；三是确定"一个理念"，即"德育为首、育人为本"的育人理念，明确了民办高校应该怎样培养人；四是制定了"一个方案"，即《本科全套人才培养规格及方案》，保证了育人理念在人才培养中的落实；五是运行"一个机制"，即"思想教育、心理咨询、学生管理三位一体"的工作机制，实现了教育、疏导、管理的相互融合与促进；六是推行"一个模式"，即"全员、全过程、全方位、全住宿"的教育管理模式，为学生提供了完整的教育，营造了良好的育人环境；七是建立"一个标准"，即学生德育测评标准，引导学生"自我管理、自我教育、自我成才"。这"七个一"育人系统工程在全国民办高校中属于首创，是我校的一大特色，取得了较大的人才培养效益：学生的专业能力和综合素质显著提高，学生的政治素质不断增强，毕业生的就业率和就业质量始终保持较高水平，赢得了良好的社会影响，受到省教育厅和教育部的充分肯定，其主要成果《民办高校构建"德育为首"育人体系的研究与实践》2009 年获吉林省教学成果一等奖、国家教学成果二等奖。

吉外学生管理有两个特点：一是严谨规范的管理。学校强调"以法治校，以制度治校"的原则，形成了一整套严格管理制度，并建立了一系列与之相适应的奖励、激励机制，保障了学生教育管理工作顺利开展；二是强调文明礼仪的日常养成，吉外学生拥有良好的日常行为养成，礼仪知识全面，集体观念和团队意识较强。

（六）建立健全安全绿色的后勤总务制度

吉外为从制度上探索非营利性办学方向，建立健全了适应非营利学校要求的资产和财务制度。学校现有的全部财产（包括固定资产和资金）登记为学校法人资产，归学校法人所有。办学资金全部用于学校发展，创办者不要求从办学中收取回报。学校执行《事业单位会计制度》中的《高等学校会计制度》，结合民办高校的办学实际，进行了"二次加工"，调整了一些不适合民办高校的会计科目。学校专门设立了财务委员会，向学校理事会、校务委员会、教职工代表大会按年度及时报告收支情况、预算执行情况及重大项目经费使用情况。在每个会计年度结束时，将创办者投入的资产、办学积累的资产、政府资助形成的资产依规出具财务会计报告，委托会计师事务所依法进行审计，审计结果向社会公布。

第三节　吉外"三型"外语人才培养及其模式

一、"应用型"培养

吉外培养的应用型外语人才，即熟练掌握外语专业基础知识和基本技能，并能将其应用于生产、管理、服务一线的高级外语外事人才。

（一）"应用型"外语人才的特征

一是实用性。培养实用型人才的教育理念反映在应用型本科人才培养模式上，就是倡导开放办学，增强学校与社会的联系，以提高大学生社会适应能力、综合素质和就业竞争力作为人才培养的主要目的，强调教育与生产劳动相结合，鼓励合作办学、产学结合，突出实际动手能力的培养，强化实践教学环节。二是市场导向性。应用型本科人才培养模式实用化特征的典型表现是，这一类院校往往是以就业为导向，以市场为导向，能够适应市场行业的需要。三是职业多样性。以职业发展为方向，人才的发展方向以职业为主，其与高职的不同在于，有职业多元适应性。

（二）"应用型"外语人才的培养目标

吉外应用型外语人才培养目标是，更好地培养学生语言综合运用能力、跨文化交际能力、实践创新能力和适应发展能力。一是形成应用型的知识结构目标。在知识结构目标上，应用型外语人才要有外语专业基础知识和基本技能，同时具备使用目的语言国的语言进行口语和书面语交流的知识结构。二是形成应用型的能力结构目标。在能力结构目标上，应用型外语人才培养强调外语应用能力，创新性地解决问题，而不是进行外语语言学的研究。三是形成应用型的素质结构目标。在素质结构目标上，应用型外语人才培养强调与外语外事人才相匹配的能力，是创新性地解决问题，而不是传统的创造知识。人才培养以"三型"为总规格，应用型、复合型、外向型是人才培养的出发点和归宿。

（三）"应用型"外语人才培养模式

应用型外语人才培养模式，即致力于培养熟练掌握外语专业基础知识和基本技能，并能将其应用于生产、管理、服务一线的高级外语外事专门人才的培养模式。吉外在实践中建构的模式主要为"外语＋专业""专业＋外语""双外语"小语种＋英语＋专业"等（详见第五章第五节）。该培养模式注重理论与实践结合，突出实践能力培养，重视校企合作协同育人，让学生深入实践，了解社会，更好地培养学生语言综合运用能力、跨文化交际能力、实践创新能力和适应发展能力。

（四）"应用型"外语人才培养模式改革

应用型外语人才培养的理念，是吉外1995年创办的初衷，也是建校以来一直倡导的。为更好地适应国内外经济政治形势不断发展变化，吉外重点采取如下措施进行改革。

首先，调升"应用型"人才培养规格。吉外虽然在办学之初已经在实际上确立了应用型办学的目标，并多次更新了外语应用型人才培养的标准和规格，但由于国内对应用型外语人才的培养规格标准尚没有深入的研究，因此，吉外需在新的环境下，随着专业硕士学位研究生的培养和吉林省教育厅外语应用型人才培养中心建设水平的提高，不断加深对人才培养规格的研究。

其次，创新"应用型"人才培养实践教学途径。在校内，在师资培养、教学改革引导、实践教学平台建设等方面加大建设力度，在充分进行内外部资源整合的基础上，深入开展实践教学改革，推进学校应用型办学水平的提高。在校外，搭建在真实情境中进行外语实践教学的平台，深入推进实践教学。例如，长春市是东北亚著名的会展城市，近年来每年举办世博会、农博会等大型会展上百次，2018年已达到200多次，有丰富的外语实践机会，因此，要抓住机会深入开展实践教学。

再次，开发应用型人才培养课程。我国当前正处于学科争创一流的时期，对于"老大学"来说，学科建设上尚需要争创一流，应用型课程的建设自然还没有作为重点来考虑。因此，应用型课程极度缺乏。在吉外的外语实践教学中，要在课程建设方面做出努力。

最后，加强应用型师资队伍建设。应用型师资的队伍是培养应用型人才的关键。当前，民办高校的师资绝大多数来源于国内研究型公办高校或公办高校的毕业生，是研究型的师资。因此，要对师资进行整体建设，可采取"双师型"队伍建设和行业师资引进同时并举的举措，即一是要建设"双师型"师资队伍，二是要建设"行业师资"。

二、"复合型"培养

复合型外语人才主要是"一专多能"的人才，是具有宽广的专业知识和优良的文化素养，具有多种能力和发展潜能，在专业技能方面有突出经验的人才。吉外确定了"外语＋专业""专业＋外语""双外语""小语种＋英语＋专业"等复合人才培养模式，通过开设跨学科专业课程和通识课程，开办双学位、辅修专业，提供国际合作项目等，拓展学生的专业背景和知识面，提升学生综合素质，促进学生全面发展。

（一）"复合型"外语人才基本特征

一是多专业性。复合型外语人才基本特征为多专业性，复合型外语人才培养首先体现在专业的复合上。外语复合型人才培养的专业设置一般为"外语＋专业""专业＋外语"和"双外语"。二是高素质性。复合型外语人才应该具有宽广的专业知识和优良的文化素养，具有多种能力和发展潜能，在专业技能方面有突出经验。不过分注重学科知识的完整性，有利于集中时间和精力主攻主干课程，并以此理论知识指导实践，遵循理论"实践—理论—实践"的循环，提高人才素质。三是思维融合性。不同专业对于人的思维方式、方法具有不同的要求，因此，学习两种及以上专业人才的复合型人才，必然要处理好不同专业、不同语种的思维方式，形成比较思维和复杂性思维，从思维认知的角度得到锻炼。四是终身发展性。复合型人才培养的专业复合性，意味着在本科教学的 4～5 年中，学生要学习两个及以上专业并达到一定的水准，这就为学生形成终身学习的习惯和方法奠定了基础。

（二）"复合型"外语人才培养目标

随着当今社会科技的发展，集成创新和颠覆性创新层出不穷，跨界融合成为新常态，外语专业人才需要适应这样的时代变化，必须具有复合性的知识和能力，具有融合性思维特征，才能提高适应性。复合型外语人才的培养目标如下：第一，形成复合性的知识结构目标。在知识结构上，复合型外语人才要具有复合性的外语专业知识，要具有不同专业或不同领域的知识，或者具有外国语言文学理论和语言实践两个方面的知识。一是专业方向的复合。"双外语""英语＋小语种"等具有两个或两个以上的专业方向。通过不同专业方向的叠加，形成不同知识结构。二是能力的复合性。复合型的学生，不仅要具有外国语言文学学科的主干性知识，同时也要具有应用性的知识。未来发展方向是语言的使用，而不是为外语国语言文学学科研究人才做准备。第二，形成复合性的能力结构目标。复合型外语人才的能力具有复合性，既要具备一般的外语技能，也要具有终身学习等能力。第三，形成复合性的素质结构目标。复合型外语人才的素质要具有复合性，既具有一般的外语语言学科知识体系的外语知识和技能，也具有优良的文化素养和外语专业技能方面突出的经验。

（三）"复合型"外语人才培养模式改革

从理念上来看，吉外创办的初衷"培养既懂外语，又懂专业的人才"，实质上就是一种复合型外语人才培养理念。吉外建校以来一直以此为引领培养外语人才。其主要思路如下：一是建设复合型课程体系。复合型外语人才培养的核心是课程问题。专业课程体系各模块由若干个科目课程组成。将课程体系模块化，按照外语行业对外语技能和外语素质的要求，引入外语行业企业新知识、新技术、新标准、新成果方面的课程，并不断完善核心专业课程，既能最大限度地保持优秀课程的稳定，又能够促进新的课程的加入，保证课程改革的有序推进。二是科学调配复合型课程比例。在外语人才培养过程中，外语和专业课程按照多大的比例进行配置，不仅受师资条件的影响，也受到资源整合和师资引进力度等因素的影响。因此，在吉外的外语人才培养课程设计中，要尽可能整合校内既有的资源，打通学院和专业的天然界限，真正实现学分制，也要不断加深对具体课程配比方面的研究。三是建设复合型师资队伍。对复合型人才的培养，不仅需要复合型的师资结构，也需要复合型的人才。复合型师资队伍结构的建设，可以通过"双师型"师资结构、行业人才引进等途径建设。此外，还要引进和培养复合型的外语人才。当前，高水平的复合型外语人才是稀缺资源，对民办高校来说尤为缺乏。因此，要"外引"和"内培"并举，培养复合型的优秀外语教师。

三、"外向型"培养

外语人才是促进不同语种的语言使用者进行沟通的人才类型，本身就是外向型的人才。但由于我国通常以培养研究外语语言文学的外语人才为主要目标，因此，为了与研究型外语人才相区分，本书将通晓国际规则、具有国际视野和国家意识，符合外语外事人才要求的外语人才定义为外向型人才。

（一）"外向型"外语人才基本特征

一是通晓国际规则。对全校的外语专业而言，外向型外语人才只有通晓国际规则，才能在外事翻译中不出低级错误。二是具有国际视野和国家意识。国际视野使人能够顺畅地沟通；而国家意识是作为中国人要遵循的基本要求。三是要具有符合参与外事活动的素养。一定的文化素养和对目的语言国的深度了解，能够帮助毕业生成功参与外事活动。

（二）"外向型"外语人才培养模式改革

一是深入进行国际交流与合作。目前，吉外在国际交流与合作方面，已与30多个国家和地区的210余所高校和教育机构开展合作。举办了系列的国际学术会议和"大使讲坛"；建立了民办高校中首个孔子学院；建立了联合国教科文组织设立在我国的二类组织——世界多元文化教育中心；开展了国际留学生合作培养。一些专业的教师出国留学深造率达到100%；翻译专业学位研究生要求研究生出国留学，并提供全方位支持。但对于吉外的培养高水平应用型外语人才的目标而言，还需要深入进行国际交流与合作，提升合作等级、范围和方式，进一步创新交流与合作机制。深入开展国际科研合作。目前学校已经开始深入开展国际教育科研合作，例如与俄罗斯乌拉尔国立师范大学联合培养教育博士，与澳大利亚悉尼大学研究人员共同研究专业博士培养标准等。

二是积极推进国际化办学。获批国家留学基金委"优秀本科生国际交流项目"、获批成为"中国政府奖学金来华留学生招生资格"院校。从而拥有本科双学位和本硕连读等留学项目，拥有"中国政府奖学金""丝绸之路中国政府奖学金""中非友谊中国政府奖学金""吉林省政府外国留学生奖学金""孔子学院奖学金"招生资格。与美国新泽西城市大学实施了金融学专业联合办学，并设立了孔子学院；与德国慕尼黑应用语言大学开展合作，实施了德语专业联合办学。每年派出800 余名学生出国出境进行长、短期语言文化交流，开展本科双学位和本硕连读等留学项目，部分专业学生出国比例达到 100%。目前，每年接收外国留学生 300 人左右。

第五章

吉外应用型人才培养模式的实践探索

第一节　优化专业布局

一、学科与专业相互促进

高等教育的功能进化至今，世界高等学校普遍肩负着人才培养、科学研究、知识创造以及社会服务等基本使命。在实现其基本使命过程中，高校高度重视学科建设和专业建设的基石作用。近年来，随着我国高等教育快速发展，学科建设和专业建设协调发展成为高校内涵建设的发展之路。

然而，一些本科院校在处理学科建设与专业建设的关系上出现了某些迷茫或偏颇现象，如"强化专业、淡化学科""加强专业、取消学科""加强学科、淡化专业"等似是而非的观点时有提出，在一定程度上影响了高校发展定位和优势特色建设规划。因此，厘清学科与专业的内涵，明晰学科建设与专业建设的内在逻辑关系，对于深化高等教育领域综合改革，促进本科院校内涵发展具有重要的现实意义。①

（一）学科与专业的含义

1. 学科是现代大学的立学之本

学科是科学研究发展成熟的产物。《辞海》将"学科"解释为学术的分类或学习的科目。在西方，"学科"被表述为"discipline"，是指"知识体系""规训"。学科由知识构成，以知识系统为基础，是一组相同或者类似知识的集合体。从根本上讲，知识所构成的学科是大学教育的逻辑起点；从现代大学发展特点上讲，学科是大学的立学之本；从大学的功能和使命的实现路径上讲，学科是现代大学教育的重要基础；从大学对学科的反作用上讲，大学是知识的保护、传承、选择及创新的重要载体。因此，学科之于大学，具有固然的基层组织意义，学科的基本组织主要指大学中教学或研究的实体机构，如学部、学院、系所、研究中心等，当前我国本科院校的二级单位设置大部分是基于学科的组织建制。

2. 专业是课程的一种组织形式

《教育大辞典》将专业解释为：中国、苏联等国高等学校培养学生的各个专门领域，大体相当于《国际教育标准分类》的课程计划或美国大学的主修；根据社会职业分工、学科分类、科学技术和文化发展状况及经济建设与社会发展需要划分。潘懋元先生在《高等教育学》中将专业定义为课程的一种组织形式。

按照研究维度，专业的含义一般有广义和狭义之分。广义的专业主要是指某种社会职业，如幼儿教师、医生、律师、管理人员等，体现了

---

① 钟秉林，李志河. 试析本科院校学科建设与专业建设［J］. 中国高等教育，2015（22）.

该职业及大学设置的特定专业与其他专业不同的职业特殊性，从业者相应的职称一般称为专业技术职务；狭义的专业主要是指大学培养人才的平台或载体，大学的专业既与社会职业紧密联系，又与学科分类密切相关，是一种涵盖实践教学在内的广义的课程组合和教学组织形式。从专业建设上讲，一个合格专业的基本标准至少包括以下几点：其一，人才培养目标和人才规格必须符合社会需求；其二，课程体系设计和安排必须服务于培养目标的实现，并且具有鲜明的科学性；其三，教师队伍必须能够保证课程实现；其四，实践基地必须充足和完备以达成理论知识的消化；其五，教学质量监控和保障系统必须健全有效，以引领专业发展、督促专业建设并评价专业发展水平。

通过专业培养，大学生修完课程、达到人才质量要求后获得相应的毕业证书和相应的学位，被认定为合格的专业人才，并以此专业培养经历作为其体现社会价值和积淀未来社会化、职业化发展的主要能力资本。

（二）学科与专业的关系

1. 学科与专业的内在联系

从含义角度看，学科与专业之间存在明显差异。但是从二者各自的发展路径角度看，二者又具有不可分割、相互倚重的内在联系。在对专业进行分类的认知过程中，惯用的诠释维度就包括学科维度。例如，1997 年，联合国教科文组织在《国际教育标准分类》中就是按照"教育级别"和"学科"两个维度对专业进行分类的。而近现代以来新增专业的衍生，大部分需要若干个学科的支撑；一个学科的建设和壮大也会发展出多个专业。从这个角度讲，专业可以作为学科建设的平台和表现形式，学科可以作为专业发展的知识体系基础和支撑；专业人才的培养质量取决于学科发展的水平，高质量的专业人才培养又必然促进学科发展水平的提升。

因此，专业和学科之间有着紧密的关联性和交叉性。在二者互动中"复合型"人才培养和"跨学科专业"人才培养等模式备受关注，成为新时代进行全面人才培养的重要途径。

2. 学科与专业的差异性

学科与专业的差异性主要体现在发展目标、发展动力基础以及构成要素方面的基本差异。第一，发展目标存在差异。学科发展的核心目标是发现知识、创新知识和产出成果，学科发展成果是学科发展的一种社会产出形式，包括科研论文、学术著作、技术革新、专利发明、咨政报告以及成果转化等，也包括通过硕士、博士授权学科建设，培养高层次创新型人才；专业发展的目标则主要是依据社会与市场的需求进行合格专业人才的培养，专业发展成果则体现为培养出高素质的高级专门人才。第二，发展动力存在差异。学科发展可能催生于解决现实的政治、经济、文化、人文社会、自然环境以及技术发展的问题，也有可能缘起于某些方面的知识创新和基础研究的成果更新，还有可能发展于某些学者对学科或知识的兴趣和敏感性而进行自由研究的成果；专业发展的动力主要来源于满足社会对某些专门人才的现实需求，随着社会经济结构变化和信息发达带来的知识结构变化，社会已经进入一个新的高速发展阶段，知识更新带领着科技发展，科技发展引领着经济形式变革，经济形式变革促动着职业结构变化，职业结构变化催生了新的专业人才需求。因此，诸多新专业应运而生，探索着新的专业定位、新的专业人才规格、新的课程结构体系、新的教学内容及方式方法、新的专业师资队伍等。专业发展就是要依据经济社会和科学文化发展的人力资源需求而确定，并且适时地进行动态调整。第三，各自构成要素存有差异。学科的主要构成要素典型的包含特定的研究对象、完备的学科体系结构以及成熟的方法论体系，这是一个学科成熟的基本标志。而专业的构成要素则以人才培养目标、人才规格、课程体系、师资队伍和学生等为主。专业人才培养目标的确定依据社会需求、区域经济社会发展需求以及办学条件定位，专业建设的其他构成要素则依据专业人才培养目标而自行调整设定。正因如此，不同本科高校的特色和优势建设都基本依赖于专业特色和优势建设。

（三）学科建设与专业建设之间的关系

基于学科和专业的区别与联系，学科建设与专业建设之间既存在着相对明晰的差异化路径，又必然存在着共生共长的依附性、统一性和协同性。学科建设主要以师资队伍和学生群体的科研产出、人才培养质量为主要体现，其评价指标主要是学术实力和水平；专业建设水平主要是对培养人才的社会适应性、社会满意度，以及其他各种能力指标进行综合评价，其评价指标主要是培养出来的学生水平。二者建设对于大学来说，缺一不可，相互倚重，二者的协同发展已经成为当下我国高校进行内涵建设的核心任务。具体地讲，学科建设与专业建设之间的关系，可以从如下不同的维度来加以理解。

1. 内在逻辑上的依附性

专业建设和学科建设二者之间存在内在的相互依赖、相互支撑的依附性。

首先，专业建设的主要目标是培养适应社会发展的应用人才，而其具体实现路径却不得不依靠一个稳定的知识体系，即课程体系来完成；其实现者同样不得不依靠一支稳定的具有相当水平的建设者，即师资队伍来完成；其实现结果也不得不通过一群承载着学习使命的发展主体即学生体现出来。通过专业建设，学科的知识体系完成了一次传播循环，并且表现为螺旋上升的特征，这个过程就是专业建设对学科建设的依附过程，是对学科知识体系的内化—外显—再建—升华的过程。

其次，学科建设的主要目标是知识创新与成果创造，而其实现又必然依仗专业建设的诸多成果。例如，学科建设的学科队伍是专业人才，务必是在经过严密的专业培养后具备专业方向内的科学研究素养与能力的人；学科建设的学科方向以及学科研究基础往往通过专业教学相关的实践基地、教学研究活动深化而来。

2. 人才培养上的统一性

无论是专业建设还是学科建设，二者在人才培养的目标性方面高度一致。首先，比较显性的人才培养体现在专业建设方面，这一点是由专业建设的基本内涵决定的；其次，学科建设对人才培养的意涵相对隐性，所有知识创造、更新、转化和应用，都指向人才培养，并通过人才培养进行传承和知识再造。因此，从人才培养这一使命来讲，专业建设和学科建设是高度统一的。

另外，从人才培养的结果上看，专业建设和学科建设的益处也是高度统一的。经过专业建设培养出高质量的专业人才，能够促进专业发展、带动专业进步和开发新的专业发展资源；经过学科建设培养出高质量的学术研究人才，能够促进学科发展、产出高水平科研成果。

3. 资源和知识整合上的协同性

学科建设与专业建设虽然在建设目标和过程等方面各有侧重、相互分离，但是从资源和知识整合的角度来看，两者之间是协同共生的关系。学科带头人和学术队伍建设促进了一批教学名师和教学骨干的成长，有利于优化教师队伍结构，提高教师的教学和科研水平；科学研究是教学改革和创新的基础，科研成果可以促进课程建设、教材建设以及教学方法和手段的改进，有利于专业人才培养质量的提升；学科平台和科研平台的建设，可以改善学生的实验和实践环境与水准，以及为学生早期参与科学研究、技术研发和学术训练提供条件，有利于培养学生的创新能力，促进学生的专业成长；学位授权点是培养高层次人才的平台，也是学科建设和科学研究水平的体现，优秀的本科生则是培养高层次人才的重要来源；学科制度建设与专业制度建设相互促进，是学科建设与专业建设的制度保障；学术自由的文化和严谨学风的形成，有利于营造优良的学术氛围、育人环境以及规范的教学规程和学术操守。总之，高校的学科建设与专业发展相辅相成、相互促进、协同共生。

二、外语专业规划与布局

（一）我国高校外语专业规划和布局存在的问题

外语人才培养的战略性需求是我国高校外语专业规划和建设的原动力。早在 20 世纪 60 年代，周恩来总理就已对我国高校的外语教育改革提出过九字方针"多语种、高质量、一条龙"①。然而，在半个多世纪的时间里，我国高校外语专业规划和布局并未有效落实这一方针，也未根据我国经济社会的快速发展而及时有效地对外语专业人才培养工作进行调整。从外语专业规划和布局对社会经济政治发展需求的满足程度上来讲，已经出现了几个明显的不适应问题。

1. 英语专业人才过剩，非通用语种专业人才匮乏

在世界发展大潮流中，英语使用国在很长一段历史时期内是主导者，英语在世界经济、政治、文化交流等各个方面充当着世界通用语的角色。因此，我国针对国家在世界发展中的适应性需求，在各个高校中大量培养英语精通人才，以至于英语专业建设成为一时的"时髦"专

---

① 陈琳 . 让"多语种、高质量、一条龙"愿望完满实现［J］. 中小学外语教学（小学篇），2008（11）.

业，专业人才的就业和发展质量也受到大众广泛认可。但是，由于各校几乎都开设了英语专业，出现了英语专业人才过剩的现象。

在世界发展的迅速变革进程中，世界经济、政治和文化格局无时无刻不在发生微妙的变化。随着国际化、全球化和信息化的深入发展，很多非英语国家的世界地位、经济发展和文化影响逐渐进入世界舞台，世界各民族的平等发展诉求、相通相融程度前所未有。因此，非通用语种人才的培养关乎我国与世界其他国家在政治、经济、文化、教育、科技等方面的深入沟通的效果和程度。非通用语人才对我国实施"走出去"战略具有重要意义，但是缺乏相应的政策支持，一些高校对开设新的非通用语种专业缺乏积极性①，因而造成对非通用语种的人才培养和储备重视不够，出现了非通用语种专业人才严重匮乏。

2. 复合型外语人才培养滞后

随着世界经济、政治、文化等方面发展和各国之间竞争、合作以及交流的越发深入，外语人才的专业性边界也在逐步扩大，仅仅培养懂一国或两国外语的单一型外语专业人才已经不能完全适应世界以及我国社会经济发展的需求。而为了适应世界发展潮流，我国在政治、经济、社会和文化等方面的发展都需要大批既懂相关领域的专业知识，又具备良好的外语语言技能的复合型外语人才。2000 年颁布的《高等学校英语专业英语教学大纲》，代表着我国政府对高校英语人才培养的时代规划和布局指导，其中明确了"高等学校英语专业培养具有扎实的英语语言基础和广博的文化知识并能熟练地运用英语在经贸、外事、教育、文化、科技、军事等部门从事翻译、教学、管理、研究等工作的复合型英语人才……这些人才应具有扎实的基本功、宽广的知识面、一定的相关

---

①　束定芳.关于我国外语教育规划与布局的思考［J］.外语教学与研究，2013（3）.

专业知识、较强的能力和较高的素质"。然而，这一指导在外语（英语）专业人才培养各个环节中的落实并不能立竿见影，实际落实情况并不乐观。在 21 世纪最初十年，我国高等学校外语专业课程设置既不能完全符合学生的需求，也不能完全符合社会发展的需求，学生学习动力普遍不足，毕业生知识面狭窄，创新能力不强。

3. 外语人才培养的专门政策规划机构建设乏力

我国是世界上外语学习者最多的大国。无论是作为外语专业人才培养，还是作为外语基本素养的形成，或是作为民众自我发展需求，我国外语学习者的体量都是可观的。然而，目前国家在协调管理各级外语教育方面，并没有一个专门的机构，在外语相关的政策规划方面同样没有明确的专门机构专门负责，并未有明确地对外语教育的中长期战略规划，包括对外语人才培养的数量和类别、层级和标准等方面的宏观指导都显不足。

综上所述，外语人才培养已经与我国国际化水平、世界合作交流的层次和深广度，以及世界的中国印象和感知有着极其紧密的联系，复合型外语人才的培养使命已经召唤高校外语专业人才培养模式变革。在这场外语专业人才培养的转型变革中，国家的外语人才培养规划和布局极为重要，外语人才教育的标准和适应性保障需要宏观考虑和指引。国家总会先于高校辨识人才的未来发展需求，高校也必须根据国家宏观发展战略，调整外语语种数量和比例、更新外语人才关键能力指标、调整实现外语专业人才培养目标的课程体系和实践平台、创新外语专业人才教育教学模式和方法等，逐步纠正外语语种开设不适切、外语人才能力结构单一，以及外语人才培养目标不清和随机性强的问题。思考外语人才培养和如何有效地对接国家战略是当代高校必须明确的一个重要问题。

（二）外语教育规划与布局的内涵、依据与特点

1. 外语教育规划与布局的内涵

外语教育规划与布局主要考虑外语的地位、外语的水平要求以及外语人才的能力结构。

外语地位认定，是基于正确的国家发展需求判断和基于准确的国家发展阶段认知基础上的。这个问题不仅涉及外语使用的目的与范围、外语是否可以作为教学语言，是否可以作为升学、升职的要求等，而且还涉及外语语种的选择和程度判断，如关键外语语种和一般外语语种的确定，同时还涉及国家安全问题等。

外语水平要求，主要指外语人才规格。就外语专业人才培养体系来看，目前我国外语专业人才培养已有本科生、硕士研究生、博士研究生三个层次，但不同语种之间、同一语种内部不同的层次之间的比例严重失调，需要根据国家未来发展的需要，根据社会需求和学科发展情况进行调整。

外语人才能力结构，主要指外语人才能力方面，不仅需要一批专门的能熟练使用外语的专门外语人才，更需要大批能使用外语且具备不同专业领域知识的外语人才。在外语语言和其他专业领域知识之间，如何协调、如何平衡、如何实现其兼顾，如何评估其能力适应性，如何进行适时调整等，都需要做出规划和描述。

2. 外语教育规划与布局的依据

就外语教育规划与布局的依据而言，应该从国家发展战略出发，从国家利益、社会需求等层面，根据国家与时代发展的需要，根据社会人才储备和存量资源情况，根据不同领域对外语人才的需求，从现实和长远两个角度进行考虑。外国语言文学作为人文社科学科之一，承担着与其他人文社科学科一致的研究目标与责任。一方面可以参考中国哲学社

会科学的定位——认识世界、传承文明、创新理论、咨政育人、服务社会；另一方面，外语作为一种特殊的工具和资源，它也通过翻译或其他方式为其他学科领域完成其使命做出特别的贡献。对于资源，应该保护，进一步开发并合理利用。已有的资源需要合理利用，今后的资源需要培育、开发和调配。

3. 外语教育规划与布局的特点

外语教育规划与布局具有战略性、前瞻性、全局性、长期性、综合性、现实性和应用性等显著特点。这些特点是由外语专业人才培养的社会地位和满足社会各方面发展需求的使命决定的。外语教育规划与布局与国家发展规划与布局是一致的。

（三）外语教育规划与布局应考虑的问题

外语教育规划与布局首先应考虑现实需求问题，即为国家近期发展战略服务。我国目前正处于和平崛起的重大发展阶段，一方面，需要建设和营造和平的国际环境来推进自己的经济、社会与文化发展，需要在政治、外交、军事和国家安全等方面和平发展。这样，外语人才在向世界讲好中国故事、在充当世界平台上的中国话语者方面，具有独特的使命和价值，因此，外语教育规划和布局要为这一国家发展需求现实问题提供人才支撑。另一方面，在全球化大背景下，中国的经济发展将逐渐与世界经济融合，世界走进中国，中国走向世界，迫切需要大批复合型外语专门人才，以及更多懂外语、具有国际视野、懂国际规则的各类专业人才。为加速这一进程服务，需要从以下几个角度考虑国家外语教育的规划与布局。

1. 确立"关键外语"，储备特别外语人才

从世界范围看，"关键外语"概念的产生以及相应计划的提出，是世界文化多元发展的必然应对措施。美国 2003 年提出"关键语言"战

略，为了实现这个战略，投入了大量的资金，大力推广阿拉伯语、汉语、俄语、印地语、波斯语等关键语言。

目前，我国正在制定和完善相应的国家安全语言战略。国家也没有相应的专门机构负责国家安全语言战略的制定、实施、监督和预警管理。从国家利益角度，也应该根据中国区域政治的特点，制定关键语言计划。不但可以学习美国和相关国家的经验，而且，可以根据中国和平发展的外交战略在这个问题上看得更远一些、做得更现实一些：针对不同的领域制定不同的关键语言计划。针对国家安全确立一批国家安全的关键语言，尤其是从捍卫国家领土完整和反恐角度确定一批关键语言，如中国周边地区国家的语言；根据中国外交政策需要确定外交关键语言，例如非洲和拉丁美洲地区重要语种；根据中国经济发展（特别是能源问题）确定关键语言，如阿拉伯地区和其他能源输出国和地区的语言；根据文化、教育"走出去"战略确定一批文化和教育关键语言；另外还可以确定一批与军事、艺术和学术研究等有关的关键语言等。

2. 根据现实和未来社会需要，统筹规划与布局

就目前我国高校建设情况看，各语种学科点分布层次与结构存在不合理的情况。例如，英语专业本科毕业生过剩，而英语专业所设的博士点、硕士点的分布多集中在沿海经济发达地区。其他语种，如印度和中亚的一些重要语言，不但教学点稀少，也没有专门的研究型人才队伍储备。这与国家未来发展的需求不相称。我国相关高校，特别是外语院校和综合性大学，应该根据国家战略发展需要，结合自身的办学条件，准确定位，实施自身的战略规划，培养满足国家经济和各项事业发展需要的不同规格、不同层次、具有鲜明特色的高素质外语人才。作为专业院校的重点外语院校应该致力于培养高精尖的专门外语人才、高级外语师资，同时开设尽可能多的外语语种。外语语种应该包括一般外语语种和

关键外语语种。关键外语语种的选择可根据办学条件、区域特点和交叉学科的情况确定；一些条件较好的综合性大学应致力于培养研究型的外语与外国文化专门人才和高级外语师资。一些地方院校和特色专业的院校应该注重专业型外语人才的培养，即"外语＋专业"能力强的专业人才，例如外语能力强的石油专业人才、海洋专业人才等。

3. 发挥区域优势进行外语语种规划与布局

外语教育规划和布局特别需要根据区域特点，发挥地域优势，服务国家整体发展利益和地方政治、经济和社会发展的需求，从国家和地区发展两个层面形成合理的外语语种和人才规划与布局。

中国边疆地区大约有 30 个跨国、跨境民族。当地高校可以因地制宜、创造条件，成为培养相关外语和文化人才、研究相关国家和区域问题的重要基地。如果说上海、北京、南京、武汉、西安等中心城市应该加强"各重要语种＋尽可能多的非通用语种"的规划与布局的话，那么在其他一些省份或城市应该加强"各重要语种＋特殊需要非通用语种"的规划与布局。例如，东北地区由于毗邻俄罗斯、日本和朝鲜半岛，应该突出俄语、日语、朝鲜语等专业的优势；在西北地区，应该加强俄语、阿拉伯语、波斯语、中亚诸语言等语种的规划与布局，尤其是加强与这些国家相关的国际和区域事务研究的人才培养；在西南地区，特别是广西、云南和西藏地区，应特别加强东盟和南亚诸语言，特别是印地语等语种的规划与布局，培养相关国际和区域问题的专门研究和实践性人才；在华南地区，特别是广东地区，应该加强东南亚诸语言和非洲诸语言等语种的规划与布局和相关人才的培养。

然而，就目前的情况看，我国高校外语语种规划和布局与理想的情况差距很大。美国哈佛大学开设 90 多个语种，英国伦敦大学开设 80 多个语种，法国国立东方语言文化学院开设 90 多个语种，俄罗斯莫斯科大学开设 120 多个语种，日本东京外国语大学和大阪大学开设 60 多个语种。① 在我国，全国最重要的外语人才培养基地之一的北京外国语大学目前开设的语种为 98 个，上海外国语大学开设的语种只有 39 个，北京大学也只开设 20 个语种，大连外国语大学仅有 10 个外语语种，其他大学更少。而且从语种开设上看，地域优势利用和开发的意识不足，语种开设趋同性明显。

（四）树立外语教育规划与布局的长期目标

外语教育应该为国家的长远发展目标服务。何为国家的长远目标？如果说"中华民族的复兴""和平崛起"是中国 20 世纪末到 21 世纪中期的目标的话，那么作为一个曾经对世界文明有重大贡献的古老民族，其长远目标是应该致力于推动世界文明的发展。就外语人才培养、外语教育而言，长远考虑就是为"认识世界、传承文明、创新理论、咨政育人、服务社会"服务。这是中国作为一个世界大国和强国应该担负的责任。

1. 外语教育要为培养世界视域的人才服务

外语教育要为培养"具有国际视野、通晓国际规则、能参与国际事务"的各类人才服务，同时，更要培养懂多种外语、学贯中西、研究世界不同时期和不同地区文明发展情况的各类人才。要做到这点，外语教学必须与外国文化学习和研究相结合，与区域和国际关系研究相结合，还要开设古典语言课程，培养世界文化研究人才。随着中国"走出去"战略的实施，中国需要进一步了解世界、研究世界。所学语言的国家概况也是各语言专业的必修课之一。各外语院校与专业应利用多语种和第一手信息及资料的优势，大力开展国别综合研究、大国关系研

---

① 彭龙. 打造国家非通用语发展战略高地［J］. 神州学人，2016（1）.

究、国别关系研究和外国文化深度研究，并培养大批从事国际问题和事务的研究型人才。在对对象国家语言进行全方位研究的同时，对这些国家的文化展开综合研究，加深中国对世界的了解。在这方面，一些发达国家和国际知名大学的做法值得借鉴。剑桥大学目前有以下几个学院和研究中心与外语教育有关：现代和中世纪语言学院开展法语、德语、荷兰语、意大利语、西班牙语、葡萄牙语、现代希腊语、新拉丁语教学和研究；亚洲和中东研究院下设东亚研究系和中东研究系，东亚研究系主要教授汉语、日语和韩语，中东研究系主要教授阿拉伯语和波斯语、希伯来语和闪族语；古代近东研究中心研究古埃及语和阿卡德语；南亚研究中心研究梵语、吠陀梵语、巴利语、古印度方言和印地语。

2. 外语教育应为中国文化"走出去"服务

随着全球化进程的加快，中国文化和学术走出去已成为国家战略的一个重要组成部分，也是当今世界文化融合和人文交流的重要内容。外国语言文学学科以及外语专业人才应该在中国文化走出去及中国学术国际化过程中承担特殊的角色，发挥独特作用。然而，发挥这个特殊角色和独特作用都不是一件易事，它对外语人才培养提出巨大挑战。其一，外语专业人才的复合型能力需要更多精力和时间的投入，学习和研究中国文化和学术国际化的现状、存在问题、秉持宗旨以及努力方向，要做中国文化自觉传播者就需要对中国文化正确、深入、客观和全面地掌握；其二，外语专业人才还需要通过与海外学者和机构合作，直接投入中国学术和文化的国际化推进过程中，同时，应致力于培养一批直接从事中国学术和文化翻译传播的专门人才。这样的人才应该是掌握多种外语，能够直接阅读、研究西方经典，需受过严格的传统文化教育、熟知中国传统文化经典。

三、吉外专业建设与改革

（一）专业建设的目标

以翻译为龙头专业，着力将翻译、英语（五年制双语方向）等专业建设成为在全国外国语院校中具有显著影响力和竞争力的高水平专业；以俄语专业为基础，积极发展斯拉夫语系，打造服务国家和地方经济建设发展需要的东北亚、东欧、中亚等非通用语种专业群；依托外语优势，将经管类专业建设成为适应吉林省外向型经济发展需要，达到省内重点大学水平的特色专业；将编辑出版学、网络与新媒体等专业建设成为适应信息化发展需要，且有一定影响力和知名度的专业。

（二）专业布局与调整

1. 专业布局

学校现有文、经、管、教、艺 5 个学科门类，36 个本科专业（见表 5 – 1）。"十三五"期间，计划增设工学学科门类，专业总量达到 38 个左右，实现以外语为主，文、经、管、教、艺、工等学科相互支撑、协调发展的学科专业布局。

表 5 – 1　本科专业设置及学科门类情况统计表（2019 年）

学科门类	专业数量（个）	专业比例（%）
文学	21（含 17 个外语类专业，15 个外语语种）	58
经济学	3	9
管理学	7	19
教育学	4	11
艺术学	1	3
总计	36	100

学校建立了专业监测动态调整机制，提出对于人才需求量大、办学

条件好、就业形势好的专业，给予大力扶持，并适度扩大招生规模；对办学条件不足、教学质量低下、就业率过低的专业，学校责令限期整改，并缩减招生规模、隔年招生或停止招生；对于现设专业（或专业方向）连续三年不招生的，经学校批准后向省教育厅申报撤销该专业（或专业方向）。

2. 优势专业建设情况

学校拥有国家级一流本科专业建设点 1 个、省级一流本科专业建设点 8 个，国家级特色专业 1 个、省级特色专业 8 个，省级品牌专业 6 个，国家级专业综合改革试点专业 1 个，省级特色高水平专业 4 个，省级转型发展专业群 3 个；省级人才培养模式创新实验区 4 个（见表 5 - 2）。优势专业建设带动了相关专业建设的发展和层次的提升，如翻译专业带动了学校英语、日语、朝鲜语、阿拉伯语、俄语、德语、法语、西班牙语、葡萄牙语、意大利语等语种的翻译硕士点建设，促进了各专业的跨越式发展。

表 5 - 2　专业建设成果统计表（2019 年）

称号	级别	数量（个）	专业	时间（年度）
一流本科专业建设点	国家级	1	英语	2019
	省　级	8	国际经济与贸易、教育学、德语、法语、日语、朝鲜语、意大利语、翻译	2019
特色专业	国家级	1	英语（五年制双语）、	2008
	省　级	8	英语（五年制双语）、翻译、国际经济与贸易、朝鲜语、德语、俄语、法语、日语	2011

称号	级别	数量（个）	专业	时间（年度）
品牌专业	省　级	4（第一批）	英语（五年制双语）、翻译、国际经济与贸易、日语	2014
		2（第二批）	俄语、德语	2015
专业综合改革试点	国家级	1	日语	2013
特色高水平专业	省　级	A类3	英语、日语、国际经济与贸易	2018
		B类1	意大利语	2018
转型发展专业群	省　级	3	国际传媒专业群 智慧旅游专业群 教师教育专业群	2019
人才培养模式创新实验区	省　级	2	翻译、德语	2012
		2	国际经济与贸易、酒店管理	2015

3. 新专业建设

学校在新专业设置上，通过深入研究国家、吉林省的经济社会发展战略和产业结构调整方向，密切关注支柱产业、优势产业、特色产业等新增长点对人才的需求。在论证把关上，依据专业建设规划，依托现有学科专业优势和办学条件，科学论证决定新专业增设，严格遵循"学院申请—专家论证会审议—教学工作委员会审核"的工作程序。在条件保障上，以校外引进和校内调整等方式充实教师队伍，同时以内部培训和外部培养等形式提升教师素质；以专项拨款和动态追加等形式加大经费投入，每个新专业投入经费100万元，用于培养和引进中外教师、专业调研、实验室建设、办公设备购置等。在招生录取上，严格控制新专业招生数量，全部实行小班授课且每班均有外籍教师授课。

4. 专业项目建设

学校制定并实施"教学综合改革工程"，重点推进"构建专业群""建设人才培养模式创新实验区"等专业项目建设，目前已形成对接汽车产业语言服务、智慧旅游、国际传媒、教育教学、跨境电商等专业群，积极探索校内学科专业优化整合与校外资源共享机制，为提升服务地方经济社会发展能力贡献力量；实验区立项建设基于省校两级人才培养模式，9 个专业在 2015 年开展人才培养模式改革，推进专业在"国际化""应用型"等方面进行改革与探索，促进专业内涵发展。

第二节 制定培养方案

一、培养方案制定的原则

"人才培养方案"是学校实现人才培养目标和基本规格要求的总体设计和实施方案。"人才培养方案"是学校组织教学过程的重要依据，也是学校对教学工作质量进行管理监控的依据和基础文件。《高等教育词典》对人才培养方案的定义为：人才培养方案又称专业培养计划、专业培养方案，是高等学校根据各层次、各专业的培养目标与培养对象制定的实施培养的具体计划和方案，是学校指导、组织与管理教学工作的重要文件，内容包括课程设置、教学形式结构、学时分配、学历等。

（一）遵循教育规律，适应社会需求

在 20 世纪 80 年代，我国著名高等教育学家潘懋元对教育关系规律做出了以下诠释。他把教育关系规律分为教育外部关系规律和教育内部关系规律。教育外部关系规律指的是教育作为社会系统中的一个子系统，与政治、经济、科学技术、文化和人口等其他子系统共同构成完整的社会结构，并与其他子系统有着相互影响、相互制约的关系，共同影响着社会的发展的关系规律，简称"教育外部规律"。所以，教育的外部关系规律要求教育要为政治、经济、科学技术等服务。教育的内部关系规律指的是教育作为社会结构中的一个相对独立的系统，内部的各个要素相互作用的关系规律。高校在培养人才时一定要遵循教育关系的规律，即遵循教育的外部规律和教育的内部规律。遵循教育的外部规律就是要遵循社会规律和市场规律，以社会和市场为基准，合理设置学校的学科，调整学校专业的结构，也要优化人才培养结构，更要调整学校每个专业的培养目标、培养方式、培养规格等。遵循教育的内部关系规律就是要遵循每个专业的培养目标、培养规格，遵循学校的历史，遵循学校的教育资源，要以培养目标和培养规格、学校历史和学校资源为基准，调整每个专业的培养方案，积极落实学校培养途径，使在培养人才的过程中，教育系统内部的各个要素更加协调，从而共同促进人才培养模式更好地发挥作用，使得人才培养的质量和人才培养的目标基本符合。

（二）全面发展，注重心智的成长和创新思维的培育

马克思关于人的全面发展学说，是指人的劳动能力的全面发展，人的体力和智力的全面发展，人的先天和后天的各种才能、志趣、道德和审美能力的充分发展，即人的个性的自由发展。我国的教育目的也明确指出，要造就有理想，有道德，有纪律，有文化的德、智、体、美、劳等全面发展的社会主义事业的建设者和接班人。所以培养全面发展的人，绝不是培养片面发展的畸形的人。如果我们只对人进行狭窄的专业

教育，不仅会把人的知识变得"专业化"，更会使人的情感、思维、能力都变得"专业化"了。教育的目的，不是简单的知识传授，更重要的是要提高学生的能力，改变学生的思维方式，促使学生学会思考。尤其在高等学校，这点尤为重要。因此，高校在制定人才培养方案时，要重视培养学生的全面发展，了解使学生过度专业化的弊端，防止培养学生时过度专业化的出现。

高校在培养学生身心健康和创新思维等方面时，还有一个必须了解的概念，即通识教育。综述已有的文献，我们可以从性质、目的和内容三个方面对通识教育进行解释。从性质上讲，通识教育是高等教育中重要的组成部分，是高校在培养学生时的重要方向，是每个大学生都应该接受的非专业性的教育。从目的上讲，通识教育是为了培养国家和社会需要的积极的、有责任感的、全面发展的社会人。从内容上讲，通识教育是一种培养学生的基本知识、基本技能和情感态度的教育，是一种广泛的、非专业性的、非功利性的教育。通识教育目前正成为当今大学发展的趋势，在制定人才培养方案时，强化通识教育是必须重点考虑的因素。

（三）能力为本，注重学生综合能力培养

应用型人才的培养更强调综合能力。综合能力既包括学生对知识的掌握应用能力、技术的学习应用能力等专业的实践能力，又包括学生对应用知识结构的建构从而可以应用知识进行相应的技术创新的能力。也就是说应用型人才的培养目标是同时培养学生的实践能力和应用创新能力。这种能力不是简单的让学生学会应用知识，也不是简单的让学生学会研究和创新，而是一种将二者综合在一起的能力。所以说综合能力是以广阔的专业知识和过硬的专业技能为基础，同时又能增强学生对理论的研究能力和创新能力，促使其在某种职业岗位上同时拥有职业技能和职业创新思维。在应用型人才培养上，外语学科有着先天的优势，语言作为交流工具，相互交流的媒介和载体，其符号、表达方式，即语音、语法和词汇等以及外显的技能，即听、说、读、写、译基本功，均是外语专业者必须具备的。在吉外制定人才培养方案时，要求更为高些，体现出外语的综合运用能力，即把语言知识的掌握，与相关专业、相关行业、相关岗位知识与技术相结合，表现在培养方式上应该是"外语 + 专业""专业 + 外语"或者"小语种 + 英语 + 专业"，如"英语金融""涉外旅游""经贸葡语""汽车德语"等。

总之，语言不是独立的实体，培养应用型外语人才不能仅限于脱离实际需要的听、说、读、写、译训练，而是必须依托专业知识和技能的需要，才能发挥外语的最大效用。因此，在培养方案设计时，除了课程进行整合之外，还必须将实践教学贯彻于大学教育的整个过程，做到实践实训全程化，给学生搭建各种实践的平台，为学生提供各种锻炼的机会，学生的相关能力才能被锻炼出来。应该注意的是，这种实践实训平台的搭建要实行校内外相结合，要走产学研合作之路，使得学校的人才培养能够和企业的人才需要完美对接，满足社会对应用型人才的需要。

（四）多主体论证、多方面调研

制定应用型人才培养方案，要进行多方面的调研，听取不同方向专业人士的建议，整合多渠道资源，使人才培养方案在实用性和可操作性上都具有价值。

首先，制定培养方案时要明确本专业的特点，就现阶段学生学习情况满意度、是否渴望了解拓展知识、学校课程结构的模块内容及所学专业目前课程的设置、综合能力的实践活动安排是否合理以及其所在专业课程设置的强度等问题面向所有在校生进行调研，同时就专业与工作的契合程度、就职所应具备的能力、实用性强的相关知识等方面的问题对毕业生和用人单位进行全面细致的调查研究，并根据实际需求，设计人才培养方案，设定科学的培养目标。据调查研究表明，外语类院校面临的现实问题就是如何将外语和技能进行有机结合。所以，在制定应用型人才培养方案时，充分调研显得尤为重要，只有把握社会人才需求的脉搏，才能保证人才培养的大方向。

其次，从市场的需求入手，确定人才培养目标。通过对职业进行综合分析，推出从事该职业所应具备的知识、能力以及素养，依照人才培养规格，合理构建应用型、复合型课程体系，形成完整的专业人才培养方案。这不仅需要根据复合型和应用型外语类人才市场需求分析就业市场的走向确定人才的专业培养目标，还要根据既定人才的培养规格，确定专业人才培养方案中的素质及素质拓展课程、专业通识类课程、专业主干课程（包括专业技能类课程、专业方向类课程、专业能力类课程）、专业实践类课程，形成系统的课程组织结构和内容结构，以此来促进学生知识与技能、情感态度与价值观的全面发展。

最后，根据课程组织和内容的结构，确定学时、学分、教学进度表，明确各门课程教学内容、教学方法以及教学目标，确定各门课程教学大纲，从而形成完整的、系统的应用型人才培养方案。立足于促进学生全面发展和个性发展的教育目标，把学生的培养与社会需求紧密结合，切实培养出应用型人才。

二、优化课程体系的系统

（一）突出专业课程设置的复合性

应用型的外语专业与学术型的外语专业在知识结构定位上存在着显著区别，学术型的外语人才主要侧重培养学生对语言与文学文化的研究能力，因此在课程设置中除了必要的语言技能训练外，更多的是语言学、文学知识的学习。而应用型外语人才培养则应充分体现"语言技能在一定行业的应用",因此其知识结构定位应为"语言技能＋必要的文化文学知识＋服务面向行业的专业知识和技能",并以此为原则构建课程体系,即强化听、说、读、写、译等语言技能课程,减少语言学、文学方面理论性强的专业知识课程,增加经贸、旅游、汽车等服务面向行业和地方的专业方向课程。

在具体设置课程时,应依据应用型外语专业不同的培养模式,体现学科专业的融合,体现专业与面向行业的复合。例如"双外语"模式下,应体现两个外语专业的并存、交叉、融合,英语须达到国家制定的专业教学大纲的基本要求,英语的听、说、读、写、译的基本技能要全面发展,具有一定的语言理论和文化知识;另一外语也要达到国家制定的专业教学大纲的基本要求,具有听、说、读、写、译的基本技能和语言交际能力。两门外语课时比例一般在 1∶1.2 左右。"外语＋专业"模式下,注重外语与社会经济发展的结合,根据学生掌握外语程度的不同,细化对"专业"课程设置要求。总之,作为外语专业,必须达到国家制定的专业教学大纲的基本要求,听、说、读、写、译全面发展。"专业"以地方经济发展和职业需要为原则,开设专业主干课。具体有三种情况:一是加专业方向,如"英语专业＋教育/旅游/文秘/传媒"等方向,英语和专业方向课时比例为 7∶3 左右;二是加专业知识,如"小语种＋一定行业知识"(经贸、管理、汽车等),两者比例为 9∶1左右;三是加专业,如翻译、商务英语专业,该模式是外语与专业的高度融合,专业课程(英语授课)贯穿整个培养过程。

(二) 突出能力培养的实践性

应用型人才在人才培养方面主要包括三种能力:专业能力、方法能力和社会能力。专业能力主要指能否运用专业知识和技能来解决实际工作中存在的问题。方法能力主要有思维、判断、分析、决策及自主制订计划、继续深入学习、进行创造创新的能力等。社会能力指具备协调协作能力、团队合作能力、社会适应性能力等。尤其是团队合作能力，拥有良好的团队关系是当今社会化生产的重要条件，在快速高效地解决各类问题时尤为重要。

应用型本科人才和学术型本科人才之间最大的区别在于是否具备应用能力。而培养应用能力的关键在于实践教学的强化。因此，专业的实践教学体系建设至关重要。在应用型人才培养目标指导下，要实现以上能力的培养目标，能真正解决实际问题，不仅对知识的整合能够把问题分析得更透彻和更深刻，还需具备将知识转化为现实生产力的能力，这样才能让学生的整合性知识不停留在认识层面，真正地实现知识到生产力的转化。因此，建立起以能力培养为主线的实践教学体系成为应用型人才培养的关键。

同时，要意识到成熟的实践课程体系既要有一定数目的实践课程配备，也要做到实践课程与理论课程、实践课程与实践课程间的设置有逻辑性、科学性、合理性，以培养专业的应用能力为目标，真正符合应用型外语人才的培养目标要求。

（三）突出素质培养的综合性

培养具备高素质的创新型人才和创业人才是实现应用型人才培养的真正目标，而非培养成为精于技术的工匠。因此，完善的人才培养整体方案必须包括综合素质培养体系，只有构建素质培养项目计划、学分制认证制度和规范化运作的整体教育体系，才能真正拥有应用型人才培养的校园文化环境。建立完善的应用型人才素质培养体系主要从以下三个方面入手：

第一，明确素质培养体系的内涵。素质培养是指将德育为首、育人为先的理念在人才培养全过程中落实，拓展专业技能、技术创新等专业素养，训练和扩充社会综合能力，陶冶气质情操，提升心理素质。通过社会综合能力的训练和专业外延的训练，使"第一课堂"和"第二课堂"完美结合，促进课内课程理论学习与课外学术科技活动参与的有机融合。

第二，开展多元化素质培养训练项目（活动）。开展形式多样、多类型并存的素质拓展训练。有五种可供参考和借鉴的方式途径：一是与学校社团活动相结合，倡导学生参加各种科技和文化活动，提高社交能力和团队合作意识；二是组织参与多种综合类竞赛活动，如数学建模、英语演讲、网页设计等，使学生在参与的同时提高自己的专业应用水平和技术开发能力，不仅素质得到提高，技能水平也更进一步提升；三是重视各类专业证书及专业水平考试的培训教育，促进学生将专业知识和专业能力转化成专业技术资格和科学技术成果；四是结合各类科研活动，开展大学生科研培训计划，积极提倡学生较早参加科研及创新活动，提高学生科研意识和科研水平，培养科研素养；五是鼓励学生参与到教师的科研项目中去，为教师提供科研项目的计划、设计、实行，提高将知识转化为应用的能力和初步的科研能力。

第三，建立素质拓展训练成果认证制度。主要从以下三方面进行建设：一是将训练成果转化为学分，取得专业素质拓展学分是学生顺利毕业的条件之一；二是将素质拓展学分与评奖评优、深造学习、未来就业相结合，在进行评价评优、深造学习和就业推荐时将素质拓展学分作为考察项之一，学生只有达到相应学分要求，才有评奖评优、深造和就业的资格；三是学生将素质拓展内容按照项目形式向学校申请，经相关的管理部门审核批准后，落实具体的项目学分，学生按设计内容达到训练要求后，方可取得学分。

三、重构项目化教学课程载体

为实现以培养学生能力为中心的应用型外语类人才培养目标，吉外积极实行项目化教学，搭建了实践教学平台，对实践教学形式进行创新，采用新式的实践教学方法，如：改变以传授理论知识为主的课堂教学模式，增设案例讲解与模拟教学实践环节；增设实训课程；推荐学生到校外合作企业进行专业调研、岗位见习或专业实习等。

实践教学项目进行探索与拓展，极大丰富了实践教学的形式与内容。为保障实施效果，学校制定了实践教学项目的体系设计，使实践教学各项目之间关联紧密，系统性强，实施标准化高。在应用型外语类人才培养过程中，实践教学项目体系发挥着尤为重要的作用。

（一）校内实践教学项目模块化设计

课程实践项目的设计。课程实践项目是以实践教学中心（实验中心、实训中心、地球村）为平台开展的单项课内实践活动。即以专业课程为中心，开展对应的专业技能培训，通过课程理论与技能培训的结合，实现教学目标，建立科学规范的实践教学体系，设置与课程理论教学相匹配的各项实践项目，采用如项目教学、案例教学、模拟实训等教学方法，最终实现课程实践项目体系的建设。

专业实践项目的设计。专业实践项目是依托本专业课程相关理论知识，通过理论知识的综合运用，在校内开展的整合性课程实践活动。专业实践通过校内实践教学平台和教学软件的有机结合，以围绕课程所对应的专业综合能力提升为教学目标，培养综合运用理论知识解决实际现实问题的专业实践项目。

跨专业综合实践项目设计。跨专业综合实践项目是将各类专业课程知识综合运用从而提高综合实践能力的整合性实践教学活动，即以校内各个实践教学平台为基础，将学生组成各个不同的团队，形成若干个相互竞争的模拟公司，学生进行不同的角色扮演（如 CEO、CMO、CFO等），亲自模拟体验对外企业的整个经营决策过程，根据市场需求预测竞争对手的动向，将公司的发展战略自定为长、中、短期战略并进行选择，同时依据每一年的经营成效制定下一年的具体改进方案，在模拟结束后，教师根据各公司的经营状况进行评选总结。

课外实践项目设计。课外实践项目是围绕专业社团（包括企业冠名社团）而开展的具有创新意义的课外实践活动。它基于校企平台和第二课堂，通过大学生创新创业活动和自我管理即以校企平台和第二课堂为载体开展的校内大学生创新创业和自我管理的第二课堂活动，活动以企业真实项目或情景为出发点，由专业社团导师和职业人导师进行全程指导，通过学生自发组织、模拟商务模式，最终促使学生形成专业素质和企业家精神，使学生的自我认知和发展都有较大提升，是一种提升学生自我认知、自我发展、自我成才的实践教学项目。

（二）校外实践教学项目模块化设计

认知实习项目设计。认知实习是指学校在学生专业学习的初级阶段，有计划、有目标地安排学生进行短期的社会实践，全过程中教师起着重要的作用，领导学生并指导学生，从而使学生走出校园、走进企业，实现专业对口的实践，了解企业的理念、模式、运行方式等，也使得学生可以了解社会对其专业的要求、需要。这样学生就能够在未来系统的学习生活中更加明确学习的内容和方向。

专业实习项目设计。在专业基础课程或相关专业课程学习结束后进行，其间，通过学生与相关实习单位的双向互选，学生集中到已选择的合作企业进行专业性的顶岗实习，开展时长两个月的岗位实操训练活动。实习前，对实习活动进行前、中、后的周密安排并制订计划，全程由专业导师进行指导，使学生通过专业岗位的顶岗实习，既深化了对专业知识的理解，又促进专业技能的转化，使理论与实践相结合，形成了一定的职业素养，为今后的专业课程继续学习做好充足准备，为专业化发展提供明确目标，为未来职业选择打下坚实基础。

毕业实习项目设计。在结束了专业课程的学习后，学生利用大四的寒假与第八学期的一部分时间，可以自主选择实习单位，也可以去与学校合作的或学校推荐的优质的实习单位实习。因此学生可以在全国不同的地区或者是海外不同的国家或地区的单位实习。一般是可以实现专业对口并且实习时间不少于四个月。实习期间，学生在实习岗位上得到许多的锻炼，不仅体现在可以提升自己的专业技能，提高自己的专业素养，更体现在能够坚定自己的专业信念、明确自己的发展方向和职业目标，能够在将来的择业、就业及未来的职业规划中起到积极的作用。

海外实习项目设计。海外实习是学校安排在专业实习和毕业实习阶段有需要的同学，去参加不同国家的文化交流项目，从而可以去海外从事为期三个月到半年的工作，体验和学习国外的一些先进的单位或企业的经营理念、管理模式、运行方式等。与此同时，也可以了解所实习国家的一些风土人情，从而拓展自己的视野，培养国际情怀，获得国际实践的经验。另外，在一个全新的语言环境中，学生可以迅速培养自己的外语使用能力，进一步提高自己利用外语解决问题和处理工作的能力。

第三节　构建课程体系

一、构建模块化课程体系

课程体系是一种知识系统，它是依据专业知识的内在联系而组合成的，以实现专业培养目标作为中心，对课程体系进行科学、合理的设计，有利于保证教学质量、实现专业培养目标。模块化是最初应用于信息技术领域的一种设计思想，20 世纪 70 年代，国际劳工组织基于此思想开发出了模块化教学策略。运用这种思想来探索应用型本科课程体系建设，对提高我国应用型本科院校适应地方经济发展的能力和提高应用型人才培养水平有着促进作用。

（一）构建应用型课程体系

了解应用型人才培养的特征是准确制定培养目标，从而科学构建课程体系的基础。与其他类型的人才培养相比，应用型人才培养有三大特征：一是知识学习参照实践进行，强调对于基础、专业和实用知识的学习；二是以能力培养为本，其中的能力，除了专业技能以外，还包括社会实践中所需要的一些综合能力，如岗位适应、就业创业、人际关系等；三是注重实践，强调实践教学，在实践中培养人格。

课程体系的形成取决于培养目标和规格标准，主要是为了解决"学生学什么"的问题。应用型人才培养的课程体系必须参照应用型人才的核心能力。构建应用型课程体系应主要从三个方面进行：一是依据"平台＋模块"思路，对于学校各专业的课程体系统一规划，加强基本专业素质的培养；二是以行业性和职业性为重点，强化养成综合的专业知识结构，彰显人才的复合型以及实践性；三是拓宽学生国际视野，着重培养学生的跨文化交际能力，以此来突出外向型人才培养的特点。

（二）设计应用型课程体系模块

按照"顶层设计"的方式，首先要对专业课程体系和实践教学体系的模块化结构及各模块的课程进行确定，选择各专业共有学科课程模块中的课程，增补专业差异化的课程，然后对符合各专业的模块化人才培养方案进行制定。基于上述所分析的应用型人才培养目标、课程体系，以及实践教学体系，形成了如下的理念，"知识＋能力＋人格＝人才"。吉外的课程模块按照功能，统一规划为知识、能力以及人格培养三个母模块。知识模块又可划分为基础知识模块和专业知识模块。能力模块又可划分为专业技能模块和实践教学模块。人格培养模块又可划分为人文素模块养和职业素养模块。以人才培养目标模块作为参照，继续划分了在具体专业课程体系里的子模块，明确各模块应由哪些课程来组成，然后再对各课程的教学方案加以确定。经由教学大纲、教学内容和教学方法，支持功能模块依靠课程教学质量来保证，课程体系的整体设计由课程模块组合来体现，进而实现母模块的功能，最终达到预定的专业培养目标。各专业的知识、能力模块与学校的总体人格模块相互配合，各专业差异化课程模块包含互不相同的课程，以体现各专业相互区别的培养目标和课程体系。明确各专业课程体系内部的模块功能，建设由知识模块、能力模块为依托的课程群。课程群又按方向划分为不同的组合，每个方向由专业课程搭配构成组合。虽然这些课程相互独立，都有着自己的教学目标和内容，但在课程之间，它们也会共同服务于一个模块功能，这是因为在内部它们有着不可分割的有机联系。

（三）构建模块化课程体系的原则

课程体系模块化设计是一个按照学科教学内容的内在有机联系对教学内容进行分析、分解和重组的过程。其导向是社会所需专业人才的素质要求，核心是实现专业化培养目标以及各模块目标的一致性。虽然各个模块相对独立，有其相对应的课程体系子模块支撑，但每个模块都围绕着专业培养目标，使学生获得某个方面的学科知识，得到某种思维和能力的训练，从而具备应用型人才培养的某方面的素质的保证。所以各个模块的目标及功能最终指向高度一致。

模块内部的层次性以及各个模块之间的层次性，都体现了整个课程体系内部的关系和顺序。课程组合在同一层次上的，在教学安排上是并行关系。课程在不同层次上的，有不同的功能和顺序。比如知识模块，可划分为基础知识模块和专业知识模块。一般来讲，在学习专业知识模块组合之前，必须先完成基础知识模块组合，以此奠定专业学习的基础，进入高年级会增加专业技能模块组合以及专业方向模块组合课程。

模块间都有其渐进性。学生掌握和应用知识的过程是循序渐进、由浅入深、由简到繁的。因此，模块的衔接要遵循渐进性原则，明确其顺序。

模块集成性。各个模块的设计除了内部功能的有机组合之外，还要兼顾与其他模块的配合度，需有层级、有渐进地规划模块。集成性是指各个模块分层次、按顺序，连接在一起，各模块之间要相互联系、对接、整合及调配。各模块最终形成有机的整体，共同服务于最高人才培养目标。

模块动态化。课程模块的动态化，是需要考虑学生拥有选择课程的权利的，应增加选修课的开设，也要让学生学习有一定连贯性和系统性的知识，可以在不同方向设置几个课程组合，学生依据方向来进行选择。根据市场、师资等情况，同一方向的不同课程可以进行灵活的动态调整，但方向组合需要相对稳定。依照专业发展的状况，教学计划制订者可以对需要修改的少数模块进行修订，以保证其面向市场，面向行业最新动态的灵活性、适应性。

（四）构建模块化课程体系的作用

由于课程体系模块化，各个模块功能明确，层级分明，模块设计直接来源于并指向学校顶层设计，有助于学生、教师及管理人员对顶层设计一目了然。对学生来讲，选课目的更加明确，对自身知识能力结构的培养目标更明确。对教师而言，明确了所授课程在人才培养目标中的功能和定位，教学目标更加清晰。对教学管理人员来讲，课程体系模块的划分使其顺序和层次清晰明了，有利于教学管理的规划、检查、质量监控及测评。

整个模块体系相对稳定，便于强化基础教学，打下牢固基础。同时模块之间相对独立，可以进行相对自由的模块链接，增强了课程体系的弹性、动态以及灵活性。子模块内部课程组合具有开放性，应用性强，可根据学科发展和市场动态及时调整，有利于加快整个模块的市场反应和学科知识更新速度，增强学生的就业竞争力。因为模块相对稳定，所以可以相对固定教学内容安排、教师课程定位、师资力量调配等，有利于同步设计学科专业平台课程实践教学模块，共同建设和利用实验室和实践教学平台，有利于提高教学资源的共享和利用，提高教师业务水平，提高办学效益。

二、开发利用课程资源

课程资源是指各种课程条件的总和，包括有教育价值的、能够转化为学校课程或服务于学校课程的条件等；是课程设计、编制、实施和评价等整个课程发展过程中，可利用的一切人力、物力以及自然资源的总和，包括教材以及学校、家庭和社会中所有有助于提高学生素质的各种资源。国家课程的开发和地方课程的建设，都离不开大量课程资源的支撑，特别是综合实践活动和校本课程的呈现与实施方式更是如此。合理开发和利用课程资源，有利于促进学生的全面发展，提高教育教学质量，也是最终实现应用型人才目标的重要保证。课程资源开发是推动课程改革的重要环节，也是提高教学效率的重要渠道。为了不断提高学生的学习质量，保证学生的就业竞争力，吉外以应用型人才培养为教育目标，在课程资源开发方面做了如下探索。

（一）开发应用型人才培养的课程资源

一切课程资源的开发均需为人才培养目标服务。为此，吉外于2010年提出：应用型人才培养的课程建设必须参照应用型人才的核心能力，把能力培养作为导向，紧紧围绕职业需求，打破传统的课程格局，以知识系统建构和理论学习为主，着力进行课程资源开发。经过多年的努力，吉外自主开发了如同声传译、双外语、汽车德语、商务英语等一系列课程，形成了一批优质的课程资源，强有力地支撑了应用型外语外事人才培养目标的实现。

应当指出，各高校的课程体系都包括公共课和专业课两部分，而公共课的任务是以提高大学生人文素质和科学素质教育为核心，它有利于优化学生知识结构、培养学生兴趣和个性、提高学生综合素质等。近年来，吉外为了不断满足学生个性发展和培养应用型人才的需要，积极改革学校的公共选修课体系，把公共选修课纳入应用型人才培养的课程资源中，努力实现文理渗透。每学期均开设多门全校公共选修课，受到了学生的欢迎，较好地体现了应用型人才差异化培养的初衷。

（二）开发共享理念的课程资源

加入网络课程共享联盟。为了丰富学生的通识性知识，实现学生的差异化培养，吉外加入了吉林省网络课程共享联盟，以大学生思想道德修养课和毕业生的职业生涯规划课为先导，探索了学生在线学习的教学策略，初步取得了良好的教学效果。吉外对网上的几大慕课平台进行了调研，综合了各自平台的优势课程，挑选出一大批优秀的慕课资源补充到吉外的公选课体系中，同时，为了提高学生的兴趣度与参与度，吉外还对学生需求进行了相关调研，力求为帮助学生进行知识自我构建来提供课程，而不是全部按照教师的主观意愿安排课程，这使慕课资源的利用率和有效度有了大大的提高。截至目前，吉外已从两大网络课程平台——超星尔雅和智慧树网，筛选了若干网络课程，内容涵盖历史文明、思想与认知、文学与艺术、科学与技术、经济与社会、国学与文化和通用能力七个方面，平均每学期约30门课程，补充到学生的公共选修课体系中，以满足学生的个性化需求。与此同时，吉外也在积极谋划并努力打造具有吉外特色的慕课资源，努力成为课程资源的供给方，为网络慕课资源建设贡献自己的一份力量。

利用校际优秀资源，丰富学生的学习经历。吉外于2014年开始探索校际课程共享之路，作为吉林省长春市净月高校课程共享联盟的重要成员，吉外为联盟成员提供小语种二外课程，同时从其他大学选择部分课程来扩大吉外学生公选课的选课范围，如长春中医药大学的"中医推拿""中医养生"等，促进了吉外学生的差异化培养。目前，第一轮校际共享课程已接近尾声，通过期中学生座谈了解到，学生对校际共享课程的喜爱程度要高于网络慕课，原因如下：一是直接去外校上共享课的方式让学生有机会近距离地体验到其他高校的校园文化和学习氛围；二是由于不同学校的学生在一起共同学习，极大地激发了学生的学习热情，教学效果有了很大提高；三是由于校际共享课程仍属于师生面对面的课堂学习，因此，相较网络慕课的学习，校际共享课更生动、直接，学生的观感更具体，学生的学习自律性更强。今后，吉外的校际共享课程方面的工作重心将调整至建立良好的共享课程设置、建设完善的评价反馈体系等，进一步保障学生的学习质量。

开发地方特色课程，为应用型本科人才更好地了解和服务地方社会经济发展奠定基础。吉外立足吉林省地方经济，努力开发适应吉林省地方经济发展的课程资源，为地方经济振兴承担社会责任，做出自己的贡献。截至目前，吉外已开发如下"面向行业、面向地方"的特色课程：一是基于吉林省长春市汽车老工业基地的发展，开发了"汽车德语"

课程，讲练互动，理论学习与现场观摩、实际操作相结合，取得了很好的教学效果；二是基于中国长春国际农业·食品博览（交易）会，开发了"农产品加工""东北特产翻译"课程；三是基于大力推进"大众创业、万众创新"的国家政策，与吉林省长春市人力资源和社会保障局合作，共同进行"SYB 创业课程"的教学培训工作。这些"面向行业、面向地方"的特色课程让吉外有效依托地缘优势开发了一系列独具特色的课程资源，使学生更具就业竞争力，进一步实现了吉外应用型人才培养的目标。

（三）开发学校特色及优势的课程资源

对于国内外优秀课程资源而言，各高校都有各自的特色及优势，但重点在于如何利用已有的特色及优势开发出符合学校人才培养目标的课程资源，在此方面，吉外开发了如下课程：

依托"地球村"校内基地，开发具有特色的校本课程。一是文化体验类课程。"地球村"各语言村不定期召开中外教师之间、外籍教师与学生之间的异国文化体验活动。例如"地球村"的日本馆和韩国馆，每年日语系和韩语系会定期邀请日本、韩国的民间友好人士与吉外的学生开展传统文化体验活动，包括日本和服的穿法、茶道，韩国的传统手艺制作等。基于此，吉外于 2013 年立项申报了"地球村文化读本系列丛书"重点教材项目，将文化学习与地球村相结合，实现"通过文化熏陶语言，通过语言学习文化"的目的。现已完成《联合国村文化读本》和《日本文化元素读本》，已在吉外"地球村"的文化课中进行教学实践，学生反馈情况良好。二是举办文化主题活动日的活动。活动采用的是"各村（馆）主题活动日＋地球村活动日"相结合的方式。各语言村根据本语言国的重大历史节日开展丰富多彩的主题活动日，让学生充分了解该语言国的历史、风土人情等。例如，韩国村举办了以韩国饮食为主题的活动日；日本馆举办了以展示日本传统文化为主题的活动；德国村开展了"德国文化概论"课堂项目教学成果汇报等。

依托校外实习基地，开发双师型职业人课程。为了给学生提供最负责任的教育，吉外在学生毕业前，结合就业岗位需要，对毕业生进行为期八周的综合技能实训，使本科教育"不缩水"，为学生提供最认真、最负责的完整本科教育，这是吉外的一项创新。吉外明确提出：综合技能训练必须坚持实用性强、针对性强的原则，以专业训练为主，强化语言能力、职业能力和实际操作能力的训练。为此，吉外基于 259 个校外实习实训基地，努力挖掘职业人课程，选派优秀职业人，采用讲练结合、分组讨论、实际操作演练等形式，充分利用校内、校外两个方面的资源对学生进行综合技能训练，收到了很好的效果。

依托国际合作办学，开发国际课程。2003 年以来，吉外先后与国外上百所高校和美国英语学会等 10 多个教育机构签订合作协议，开展教师交流、学生交流、学术交流、课程对接、联合培养等项目。吉外已同澳大利亚查理斯大学达成协议，引进该校商务、管理等 8 门课程，并与美国新泽西城市大学合作举办金融学专业本科教育项目，学生前三年在吉外学习，第四年在美国新泽西城市大学学习。在吉外学习期间，美方负责安排美方教师来吉外授课，授课门数为 12 门，占合作办学项目全部课程比例约为 36.1%，引进的外方课程和专业核心课程占中外合作办学项目全部课程和核心课程的三分之一以上，初步实现了吉外课程同国外课程的对接；同时，与交流学校开展"2+2""2+1+1"本科生联合培养和"2+1+1+2""3+1+2"研究生联合培养。

（四）开发网络教学平台的混合化课程资源

为全面贯彻落实《国家中长期教育改革和发展规划纲要（2010—2020 年）》提出的"加快教育信息化进程"要求，吉外紧紧围绕"课程改革是重心，教育研究抓创新"的总体工作思路，大力推动混合教学课程改革。首先，通过加强宣传，不断扩大教改参与面，形成良好的舆论氛围。为此，吉外特邀请清华大学教育技术研究所所长周潜博士来吉外做了"混合教学改革和混合教学课程设计"的学术报告。其次，开展多种形式的教师培训。吉外邀请清华大学研究所的相关人员从网络平台的功能使用及混合教学的课程设计及实施等方面做了专题讲座；还在暑期组织骨干教师赴清华大学进行参观学习，加强对教师的培训，提高教学改革的针对性和有效性。最后，在广泛培训的推动下，广大教师积极投身到混合教学改革的实践中，截至目前，已有 10 个学院共 78 名教师、37 门课程报名参加本次混合教学改革试点，教务处经过筛选，最终确定了商务英语口译、西班牙语国家概况、基础德语、日语笔译、国际贸易实务、人力资源管理 6 门课程进行第一轮的混合教学改革试点。目前吉外的网络教学平台已完成升级，共有三门课程（国际经济贸易学院的"国际贸易实务"、英语学院的"商务英语口译"及东方语学院的"日语听力"）部分实行了基于网络教学平台的混合教学改革，初步收到了一定成效。总之，课程资源的合理开发与利用是实现应用型人才培养的重要保障，因此，各高校应在人才培养目标的总指挥棒下去主动性、创造性地进行相关课程资源的开发与利用。

三、改革与整合课程形态

（一）深化课程改革

学校陆续开展了思想政治教育课程改革、大学体育俱乐部改革、大学英语分类分级教学改革、大学语文板块化教学内容改革以及计算机课程体系改革，进一步提高了公共课的教学效果。近年来，为深入推进课程在教学内容、方法、考核、教学组织形式等方面的综合改革，学校通过网络教学平台建设，推动混合课程改革。2015 年，立项建设试点课程 35 门；2016 年，实施"以学生为中心"课程教学改革计划，参与课程达到 114 门；2017 年，启动"吉外一课一名师""吉外地球村课堂"项目，充分发挥知名教授、教学名师和青年教学骨干在课程改革中的主体作用，打造一批吉外名师课程和吉外语言实践品牌课程，形成具有吉外特色的教学策略。

（二）改革教学方法

一是外语类专业核心课主要采用语言交际法、体验式、强化实践式等教学方法，提高学生的语言综合运用能力和跨文化交际能力。如英语专业的综合英语课主要采用了交际教学法；日语专业的综合日语课实行"语言、功能、文化"强化实践教学法，较好地解决了学生不同语言文化思维模式的转化问题。二是非外语类专业核心课主要采用问题导向式、项目式、案例式等教学方法。如工商管理学院借助案例教学中心，以"案例阅读—小组讨论—课堂研讨"模式进行案例分析；文学院依据专业特点，将文学类课程进行了问题导向式教学改革，通过"问题导读—资料补给—组内讨论—作品分析"模式进行文学类课程学习，推动了学生阅读能力、语言素养和文学鉴赏能力的提升。三是专业技能课程主要采用情景教学、现场教学、讨论式等教学方法。如地球村课堂实施情景模拟教学及现场教学，促进了学生文化体验与语言习得；各专业教师利用翻转教室进行混合教学改革，通过线上网络自主学习，线下课堂讨论，提高了教学效率和教学质量。

（三）改革实践教学

学校结合应用型人才培养目标，按照"夯实基础、强化技能、提高素养、协调发展"的思路，确立了"一二三五七"的实践教学体系（见图 5 - 1），涵盖目标、内容、保障和评价等要素，具有课内与课外相结合、校内与校外相结合、国内与国外相结合的特点，通过知行并重，努力促进第一课堂与第二课堂融合，以培养学生的专业技能、综合能力和职业能力，提高学生的综合素质等。

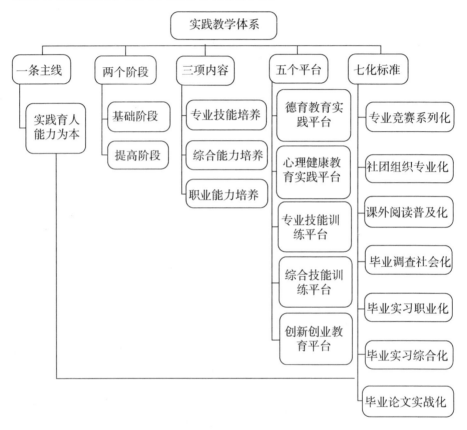

图 5 - 1　实践教学体系

提倡大实践观，即重视和强调大学生的生活体验与实践意识和能力的培养，将大学生在校的学习、生活、交往实践与校外社会实践相结合，将社会对人才的要求与个人成长目标相结合；将学习知识和提高综合素质相结合；将认识世界、改造世界与确立正确的价值观导向相结合；将国家的需要和个人的发展相结合，培养社会责任感，达到自我改造的目的，使每个学生都能成为适合国家和社会需要的优秀人才。在实践教学的设计上提出了三方面"大实践"的教育内容。一是注重课堂教学实践，即具体在每一门课上理论讲授和实践训练达到一定的比例，通过讨论、案例分析、语言训练等多种途径来提高学生分析问题、锻炼基本功的能力；二是加强专业实践，各专业要合理设计实习、实验、实训、专业调查、学年论文或课程论文，毕业论文（设计）、综合技能训练等环节，强化专业技能，以此满足人才培养的需求；三是通过人格教育平台的构建，即通过德育实践、第二课堂、志愿者服务、社会调查、成功人士采访、大学生创新创业发展规划项目、心理健康教育等活动，使学生具有合格职业人的素质。所以，通过三方面"大实践"在吉外逐渐形成了一种教书育人、服务育人、管理育人、环境育人、文化育人的氛围，让学生们感受到，实践教学不是课外实践的唯一途径，生活和交往也是丰富个人知识的重要渠道。

创造良好的语言文化体验环境。语言与文化是息息相关的，语言具有社会性和民族性，语言是人类交流思想和感情的工具。语言既是文化，又是文化的载体，不同语言在进行交流和沟通过程中不能割舍与该语言密切相关的社会背景和文化内涵。这就是常说的，在外语教学中必须遵循通过语言感受文化，通过文化熏陶语言。所以，在外国语院校的实践教学中要创造出一种环境，将语言的学习和训练融入文化的氛围中。多年来，吉外一直在努力探索和践行着，如"地球村"的创建和使用，如每年5月中旬定期召开国际文化艺术节（国际文化艺术节中展示的各种展品、项目、节目都是由学生自己动手制作和排练的），如各语种的学生与外籍教师及留学生的联谊活动以及各语种的口语角活动等。2018年平昌冬奥会，来自吉外的500多名学生参与了宣传片的拍摄。通过这些实践活动，学生的视野得到开拓，文化选择能力、文化判断能力、文化整合能力和文化创新能力得到了提升，在学习、借鉴、吸收世界先进文化成果时，也加强了对中国传统文化的传承和创新意识。

开展跨文化交际能力的训练。跨文化交际、沟通的意识和能力，能够使得学生形成对不同民族文化的敏感性和认同性，使学生对不同文化的思想交流能力得到提升，使学生掌握社会文化、思想文化、物质文化、精神文化、习俗文化和价值观念。培养跨文化交际能力可以通过案例、讲座、讨论等方式在课堂进行，但更重要的是在实践中进行体验和训练。为了提高外语类学生跨文化交际能力，吉外建立了交传和同传实验室，在地球村的联合国村里设立了模拟联合国实验室，这些实践教学平台对提高学生的跨文化交际能力起到了重要的作用。

注重语言服务于行业的训练。外语类人才培养要解决服务目标的定位问题，培养的是复合型和应用型外语类人才，是能在一定的行业里熟练地运用外语进行工作的职业人。学外语一定要选准行业作为服务的落脚点。选择什么专业方向，首先的问题就是要和地方经济发展的实际需要相结合。汽车、旅游、商贸、跨境电子商务、金融服务、服务外包是吉林省重点发展的产业，急需不同语种的复合型和应用型人才。为此，根据各语种的实际情况，在"外语＋专业方向"的培养模式上，专业方向的选择应各有侧重，充分利用校内外现有的实践教学平台，注重语言服务于相关行业的训练。

建立实践教学质量监控体系。为建立实践教学评价体系，引导促进吉外深入开展实践教学改革，需要通过对实践教学条件、过程、效果等方面开展评价。在校院两级实践教学质量监控体系中，学校主要负责实践教学质量评价标准的确立与完善、实践教学实施效果的检查与监控等；院（系）主要负责落实实践教学环节、执行实践教学标准、监督与协调、组织与实施实践教学过程。为保证实践育人的成效，要全方位、多层次、动态地进行质量监控。

（四）改革教学组织

应用型人才培养的教学组织形式不应该拘泥于传统的教学组织形式，而应该根据人才培养不同阶段的教学内容采用不同的组织形式。目前高校主要教学组织形式有突出学生个性化特征的个别教学、以特长小组为单位的分组教学、传统高效的班级教学、基于信息平台的开放教学、突出应用能力培养的实践教学和发挥教师集体智慧的协作教学等。教学组织在空间上可以分为内部环境和外部环境两大类。课堂教学和课外活动是内部环境的主要组织形式。课堂教学又可以是班级教学和小组教学。它是目前高校主体的教学组织形式，困扰教师的主要问题是如何高效利用有限的课堂教学时间，特别是利用手机等现代化教学手段对课堂教学的影响。针对此，吉外提出了利用有手机课堂和无手机课堂对学生手机适当进行管理。外部环境的组织主要是指现场教学。现场教学有利于理论和实际的密切结合，把教学过程和人类的认识过程统一起来，使学生置身于社会活动、生产过程中，在实践中进行学习。

在加强教学管理的信息化建设上，吉外搭建了"一个系统，两个平台"教学信息化体系，即信息化教务管理系统、网络教学平台和大学英语学习平台。在信息化教学管理系统上，引入信息化教务管理系统，2016 年完成新一轮升级。升级后，教务管理系统包括新增功能和原有功能优化，可实现学生个性化选课、外网选课、重修网上报名，教师网上申请开设课程、外网登陆成绩、多项数据统计等功能。积极推动课程教学线上线下相结合的教学形式，充分利用网络教学平台提高课程教学效率和效果。引入智慧树在线课程 22 门，其中公共必修课 6 门，公共选修课 16 门；引入超星尔雅在线课程 58 门，98.1% 的学生通过课程考核并获得相应学分，优秀率达到 65.08%。引入"U 校园"大学英语学习平台，满足了大学英语视听说零课时教学改革需求。

四、改革课程效益评价

（一）多样化的学习评价

学习评价是对学生的学习过程和结果进行判断、分析和衡量的过程，也是运用科学的手段和方式，在系统地、科学地收集、整理、处理和分析学生学习的相关信息的基础上，对学生的学习发展和变化做出科学判断的过程。它是教育教学活动的重要组成部分。

随着我国高等教育进入内涵式发展阶段，外部教育质量分类评估体系日益成熟，高校内部教学质量监控与评价体系也正走向完善，提高质量成为高校未来发展的主题。学校对学习评价的地位和作用的认识和重视程度越来越高。与此同时，各高校对学习评价的改革从未间断。虽然如此，目前在高校内部开展的学习评价中还存在诸多弊端或不足。如对学习过程的评价往往重知识，轻能力；评价方式单一化，考核方法创新不足；评价手段的现代化程度不高；评价主、客体对学习评价工作的认识水平和参与积极性还有待进一步提高；国家或社会组织的有关学习评价类的考试很难满足学生的个性化发展需求。对于应用型高校而言，人才培养目标更加强调学生能够运用所学知识、理论解决实际问题的能力，因此，对学生学习考核应突出对学生能力的考查。

吉外已经进入内涵式发展阶段，营造校园质量文化、树立质量意识、规范质量管理，已成为目前和今后发展的主要任务。在学习评价机制、评价标准的设计和实施过程中，始终以立德树人为目标，以学生发展为导向，以提升质量为己任，结合学校的发展实际，在完善内部教学质量监控与保障体系的基础上，在课程考核和学业评价的方法和手段等方面大胆尝试，积极研究和探索。目前学校对学生学习评价总的来说呈现以下特点：一是兼顾过程性评价和终结性评价，并更注重过程性评价和诊断性考核；二是评价标准体系化；三是评价主体多元化；四是评价方式多样化；五是评价手段现代化。如此多样化的学习评价，对教学质量的持续改进和人才培养质量的提升发挥了积极的作用。

（二）课程考核的改革

课堂学习评价主要是围绕课堂教学中学生的学习过程和结果，收集、整理和分析相关数据信息，目的是依据评价结果判断和评价学生学习状况及教师教学状况，设计和实施最适合学生发展的教学方案，不断促进教学改进。课堂学习评价是课堂教学过程中对学生所从事的课堂学习活动进行价值判断的过程，主要通过课程考核及其改革来实现。

从机构职责划分，全校各专业的课程考核由教务处负责组织和管理，二级学院负责考核的整个过程的实施。考核工作实行校、院（系、部）两级管理，实施主体是二级学院。课程考核方式结合课程性质和课程目标要求，分为考试和考查两种。笔试（闭卷、开卷）、口试、笔试与口试相结合、上机、实验操作等是考核课程较多采用的形式。学校鼓励各专业积极改革课程考核。目前各专业教师主要采用的考核方式有诊断性测试、阶段性考试、实验报告撰写、撰写课程论文（设计）、撰写学术论文（设计）、调查报告、完成课程项目、答辩等。课程考核重视终结性评价的同时，强调形成性评价在学生学习能力培养中的作用。形成性评价主要通过平时考核进行，及时发现和诊断教师在教学方法和教学内容等方面存在的不足，并及时做出调整。平时考核采取测验、作业、实验、读书报告、文献资料查阅、小论文、调查报告、研究报告等多种形式。平时成绩在总评成绩中所占的比例可结合课程特点，各专业自行确定，原则上不低于30%。在期末考试上，实施教考分离，对于多个班开设的使用统一大纲的课程，邀请本学期不担任此课的有经验的教师命题，或从试卷库中抽取或临时组合统一试题、统一考试，是期末考试原则上的要求。

学校的各类专业课程考核在实践中不断摸索和改革，根据课程性质和特点，逐渐形成一些自有的考核特色。学校在计算机基础课程考核上早已实现完全无纸化和机上考核方式，课程通过建立试题库（试题库每学期都有更新），随机组合不同试题。阶段测试、期末考试实现人手一套题，自动评判打分，生成最终成绩。这一做法，大大提高了课程考试的信度、效度和区分度。一些外语类课程为了了解学生对某一单元或某一专题内容的掌握情况，部分教师往往会通过网络学习平台，进行诊断性测试。教师针对测试中反映的问题，及时调整教学，并借助网络学习平台，就某一问题，进行师生间、生生间的讨论。

围绕应用型人才培养的特点和要求，课程考核形式和内容不断创新。一些课程通过完成规定项目的形式，着重考查学生运用所学的理论知识去解决实际问题的能力，它较高地匹配了应用型人才培养目标。例如，吉外编辑出版专业的书报编辑与出版课程的考核，要求每名学生在指定的时间内完成一本书的编辑任务，同时完成一份图书编辑报告，报告包括阐述选题意义、图书设计思路、框架结构和内容、方法设计等。这种考核方式能很全面地考查学生对本领域知识的掌握情况、专业技能，能考查学生综合运用理论知识解决实际问题的能力和创新思维能力。学生积极参与，教师认真批阅，同时及时梳理分析存在的问题，并拿出解决对策和措施，不断改进和完善教学。再如，国际经济贸易学院电子商务专业的管理信息系统课程的考核，采用课程设计的形式考核学生对课程的掌握程度。该课程考核要求每个学生利用网络平台，带着不同的问题进行课程设计。管理信息系统战略规划、可行性分析、系统分析和系统设计是该课程设计主要的 4 个阶段，每个阶段又分为若干个子部分，内容涵盖了教学大纲80%以上的内容。每个学生自拟开发对象，独立进行设计，从而能很好地锻炼学生分析问题和解决问题的能力，实现了教学目标。考核方式的改革，不仅提高了学生的学习兴趣，还充分调动了学生的主观能动性和创造性，既考查了理论知识的理解和掌握情况，又锻炼了学生的能力，同时还推动了教学策略的改革。

　　学校在教学内容和考核评价方式的改革中，积极探索，勇于尝试。在深入领会应用型人才培养目标要求的前提下，努力发挥好考试这个指挥棒的作用，把教学目标和考核重点瞄准学生的能力培养，重点考查学生运用所学理论知识解决实际问题的能力，并且在此基础上，创新题型设计，丰富试题内容，合理设定主、客观题的比例，既考查了学生本门课程的学习效果，同时也反映出教师教学改革的成果。例如，英语专业教育方向的英语笔译试卷，由英语系英语笔译课程备课组，根据笔译课程的培养要求及授课内容，经过协商讨论，最后确定命题内容、题型和所占分值。本套试卷共计六个题型，分别是术语翻译（10%）、用汉语成语或四字结构填补译文（10%）、选择最佳译文（10%）、选择翻译技巧（10%）、句子英汉互译（10%）以及段落英汉互译（50%）等。以上题型不仅考查了学生对时事政治、经济等词汇的了解和掌握，检验了学生的英语语言水平和汉语运用能力，也考查了学生对学过的翻译理论和翻译技巧的掌握情况。翻译题型内容新，贴近时代发展，涉及人文、科技、历史、旅游和经济等诸多领域。全面考查了学生理解和处理原文的能力和水平。命题的教师敢于突破传统思维，大胆创新，紧紧围绕能力培养这一主线，发挥好考试的导向作用。

　　可见，学习评价在教学工作中始终发挥着诊断、反馈和调节的作用。多样化的学习评价、课程考核方式改革等都是为了满足"以学生为中心"的教育教学改革的要求，也是实现专业人才培养目标的要求。

因为教育的中心是学习，教育评价的中心是学习评价。评价学习者的学习和促进学习者的学习又是整个教育评价的根本。

第四节 整合育人资源

一、校内资源整合

（一）利用"地球村"整合语言文化学习资源

为了加强实践教学，各高校理工科专业在校内都建立了各种类型的实习实训基地，外语类专业除语音室和同声传译实验性外，没有其他实习实训场所。为了解决这个问题，吉外创办的国内首创也是国内唯一的多语种大型综合语言文化中心——"地球村"。地球村 2011 年被吉林省教育厅确定为省级实验教学示范中心；2013 年被教育部确定为国家级实验教学示范中心；同年，被联合国教科文组织正式命名为世界多元文化教育中心、联合国教科文组织俱乐部。

地球村于 2009 年建成并投入使用，建筑面积 31000 平方米，能同时容纳 2500 人开展各项活动。地球村建设的目的是，为学生营造出一个学习外语的特殊环境，让学生把语言与文化学习相结合，不出校门就能身临其境地领略世界各国的不同文化和独特风情。地球村设有中国村、联合国村、英语村、日本村、韩国村、俄语村、德语村、法语村、西班牙语村、葡萄牙语村、意大利语村、阿拉伯语村、非洲村等 13 个村落。每个村落在建设过程中都以文化建设为主线，每一个文化元素都渗透着各语种国家丰富的文化内涵，体现文化与语言的融合。每个村落都配有电化教学设备，并通过母语国的标志性建筑的微缩景观、展板、音像视频、沙盘模拟以及部分实物等来展示其国家的政治、经济、历史、文化、科技、教育、自然风光、民俗礼仪和饮食文化等。让学生能够通过语言感受文化和文化熏陶语言，将语言的学习和训练融入各种不同的文化氛围中，从而拓宽国际视野，提高综合素质，增强语言运用能力和跨文化交际能力，真正体现文化养人、文化育人的优质教育环境。

地球村集教学功能、实践功能、研究功能和交流功能于一体。目前为20个专业开设约40门实验课程及39个实践活动项目，每年万名以上学生开展语言学习与操练，具有较广的覆盖面，同时也供中外教师与学生开展教学研讨和文化交流等。地球村里实践教学和活动开展情况：

1. 语言实训课程

课程主要分为四种：语言实践类、语言文化类、语言口译实践类、涉外经济管理类。教学过程注重理论与实践相结合，突出应用，主要特色表现在两方面，一是确立了"以文化氛围为平台，语言实践操练为核心，创新实践内容为重点"的建设思路；二是基本建立了"文化熏陶——语言实践——综合运用"的多层次化、多模块化的实验教学体系。地球村教学超越了传统意义的封闭式、灌输式教学概念，为外语教学过程中的语音模仿、听力训练、口译训练、教学测试、教学方法改革等提供了有利条件。尤其是提高学生语言的听、说、读、写、译的能力，也从根本上摆脱了老师讲、学生听的"注入式"单向教学手段，实现了以学生为中心，教师为主体的"双主"教学模式，在这里，学生把语言与文化学习更紧密地结合在一起，不出校门就能身临其境的领略世界各国的不同文化和独特风情，通过语言感受文化，通过文化熏陶语言，增强了语言综合运用能力和跨文化交际能力。大大提高了外语教学的效果与质量。学生们反映说："在教室里学外语和在地球村里学外语，环境不同，氛围不同，效果真不一样。""坐在地球村里，触景生情，情绪饱满，满载而归。"

2. 学生二课堂活动

活动分为以下几种：学生社团活动，如模拟联合国、日本茶道俱乐部、日本文化俱乐部、俄罗斯文化俱乐部等，每周在地球村里活动的社团达30多个。各语种的专业竞赛活动，如"外研社杯"全国大学生英语演讲比赛选拔赛等。文化主题活动日活动，各语言村根据本语言国的重大历史节日开展丰富多彩的主题活动日，让学生充分了解该语言的历史、风土人情等，如韩国村举办过以韩国饮食为主题的活动日，俄语村开展了俄罗斯风情活动日，德国村开展了德国文化概论教学成果汇报，英语村结合圣诞节开展中外教师圣诞节联欢会。

3. 学术报告

利用自有的资源优势定期开展语言文化类讲座。近年来主要报告有：韩国庆南大学朴在圭校长做了题为"促进中韩合作，实现东北亚地区和平与繁荣发展"的报告；蒙古国驻华使馆公使衔参赞布拉根女士做了题为"一个驻华大使眼中的中国和中国外交"的报告；哥斯达黎加驻华大使帕特里夏·罗德里格斯·奥尔凯梅耶女士做了题为"一个驻华大使眼中的中国和中国外交"的报告；美国社区口译专家、维特尔波大学米歇尔·平兹尔教授做了题为"社区口译中的行为准则"的报告；美国南伊利诺伊大学于天龙教授做了题为"餐桌教育和道德改革的出路"的报告等。

4. 文化体验

地球村定期为现有的200多名各国留学生开展中国文化体验课，例如书法、绘画、风筝制作、中国民乐赏析等活动，让留学生对中国传统文化有更深入的了解。除此之外，地球村各语言村也会不定期召开中外教师之间、中外学生之间、外籍教师与中国学生之间的异国文化体验活动,如意大利语村举办的"舌尖上的华外"美食节活动,此次活动是意大利留学生和中国学生一起相互学习、相互交流各自的美食烹饪方法,场面非常热烈。通过上述实践教学活动的实施,改变了传统教学与社会需求脱节的现象,而与现实生活紧密相联地教学内容极大地激发了学生学习外语的兴趣,提高了学生学习的积极性和自主学习能力,使他们从被动接受转变为主动要学。

5. 语言服务

地球村为吉林省乃至东北地区提供了多语种语言服务。中心承接了大量的省、市大型活动,如"中外大学校长论坛""女大学生志愿者活动""长春市首届东北亚国际文化艺术节"等。中心同时也接待了大批的国际友好学校、国内兄弟院校、国家及省市领导多达上百次的参观、学习活动。这些都使国际语言文化实践教学中心的示范作用得以发挥。

(二)利用国际语言文化实践教学中心整合实验教学资源

为整合资源,统一管理,学校成立了国际语言文化实践教学中心,将原有的语音室、同声传译模拟实验室、地球村统一归为国际语言文化实践中心。中心确立了以"文化氛围为平台,语言实践操练为核心,创新实践为载体"的教学改革思路,逐步形成了"语言实训课 + 文化体验 + 学术报告 + 第二课堂活动"的实践教学体系,积极推进"一体两翼""多层并举""学生自主""立体施教"的实践教学策略,使其具有教学功能、实践功能、研究功能和交流功能。国际语言文化实践教学中心是为全校师生提供全方位、立体化、高仿真的口译、笔译实践场所,为翻译专业的本科生和研究生搭建了与翻译市场接轨的实训平台。中心在多语种工作平台的基础上专门用于提升译员的实践能力,让学生快速掌握翻译技能,提高从事语言类相关服务的竞争力。为满足不同专业培养应用型人才的需求,学校还建有经济类专业综合实验教学中心、工商管理类实验教学中心、计算机与办公自动化实验教学中心、心理健康教育教学实践中心、"一带一路"语言文化服务协同创新中心等，较全面有效地整合了校内实践实验教学资源。

二、校企资源整合

（一）校企合作的特点

《国家中长期教育改革和发展规划纲要（2016－2020 年）》提出："要产、学、研、用相结合，实现高校与社会教育资源深度合作与共享。"为此，全国高校都在努力推进和深入开展校企合作、产研融合的工作，特别是培养应用型人才的高校，更是将其作为人才培养的核心工作。校企合作是指企业、院校双方以生存和发展的共同愿望为基础，以人才、技术、效益为结合点，利用院校的专业优势和企业的生产优势，把科研理论和生产实践经验结合起来，培养适合生产、建设、服务、管理等实用型人才为主要目标的合作办学模式。这种合作办学模式的特点主要体现在以下三个方面：首先，实现了学校与企业的"无缝对接"，使学校和企业之间实现了"校企互动、互惠互利、优势互补、资源共享、共同发展"的合作机制；其次，使企业从人才培养的旁观者直接转变为专业人才的塑造者，有利于企业的人才储备和可持续发展，同时校企合作也使校企双方通过合作共同履行一项重大的社会责任；最后，缩短了毕业生适应企业整个生产经营过程的时间，实现了企业对毕业生零距离上岗的要求，缓解了毕业生与企业之间的供求矛盾。总之，校企合作能够充分地发挥院校和企业的优势，实现院校、企业、学生的"三赢"局面。

（二）校企合作的做法

为了更好地服务于地方经济建设，充分发挥专业和地缘优势，提高学生的就业质量，吉外积极寻求校企合作资源。比如，学校和长春一汽－大众汽车有限公司开展校企合作，将德语人才培养同汽车产业发展相结合，走出了一条复合型和应用型德语人才培养的新路。其具体做法是：

签署合作协议。2006 年初，吉外与长春一汽－大众汽车有限公司签署了校企合作协议，明确规定了双方在合作领域中的权利和义务。

争取培训任务。德语系承担了一汽－大众汽车有限公司职工德语强化培训的任务。为了打通德方员工和中方员工语言沟通上的障碍，德语系教师积极为中方员工进行语言培训，提高中方员工的德语水平。

聘请企业人员。成立专业咨询委员会对教学改革进行"把脉会诊"。邀请汽车工业生产一线、对产业发展现状与趋势最了解的专业人士就学校专业教学改革的相关问题进行会诊，校企双方共同为市场需求的人才勾画出"量身定制"的人才培养模式。

开展教学改革。德语系教学改革的思路是：一、二年级打好德语语言基本功，进行严格的德语基础技能训练，使学生具备良好的听、说、读、写、译五种德语基本功；高年级阶段在继续巩固加强学生德语语言基本功的同时，进一步提高学生综合运用德语进行交际的能力。此外，不断拓宽学生的知识面，设置汽车模块课程，如汽车制造与装配技术、汽车德语、工业技术德语、汽车英语、电子商务德语等，各课程内容贴近汽车企业生产实际，强调语言训练和汽车专业的结合，使学生在具备扎实的德语语言技能的同时掌握汽车行业相关的专业知识，为学生迅速适应职场并顺利开展工作打下了良好的基础。

三、校际资源整合

每所高校都有自己的优势和特色，通过校际资源共享，可以充分发挥优势教学资源的作用，提高资源使用效率，同时各个高校间优势互补提高了整个社会的教学水平。校际资源共享可以通过以下方式解决。

（一）学分互换

各高校应该建立学分转换系统，形成互换学分机制，通过更新学生的"信息包裹"，记录学生跨校学习前后的成绩、课程、学位申请、学校管理程序、教学日历、评估模式等相关事宜，使学生在其他学校继续学习变得更容易。学校负责为学生准备和交换记录副本，复印件由学生个人保管，以便于学生在原学校和新选学校之间进行交换。甚至企业都可以与普通高等院校联合开办"企业大学"，学生在企业中的实践成绩可转换成大学中的课程学分，这种企业—大学之间的成绩转换与大学—大学之间的学分转换相同。

吉外从 2015 年起开始实行校际学分互换。以净月高校课程共享联盟和吉林省高校课程共享联盟为平台，积极推动课程共享、学分互认，不断增加我校学生公选课的选课范围，促进了我校学生的差异化培养。2016 年初，我校开始与长春中医药大学共建共享课程共 9 门，对方提供了包括中医养生、针灸、中医美容等 4 门课程。我校为对方学校提供了包括二外韩语、二外西班牙语在内的 5 门二外课程。截至目前，双方共为近百名学生进行了校际学分互换。同时，学校以吉林省高校课程共享联盟为依托，利用在线课程平台，实现了高校间线上课程的学分互换，每门线上课程按平台所列学分 1 : 1 进行学分互换。

（二）共享资源

各高校可以利用智慧树、引入超星尔雅等课程平台发布和引进在线课程，为学生学习提供最优质的通识课教学平台。引入"U 校园"大学英语学习平台，满足大学英语视听说的教学改革需求。共享课程资源不仅优势互补，同时减少了重复开发造成的资源浪费，对国家整体教育质量的提高起到了推动作用。每个学校都有引以为傲的优势教学资源，有的学校图书馆建设比较好，有的学校实验室设备先进，有的学校大学生创业中心有特色，因各自学科专业特点和建设重心的差异，优势各不相同，如果各个学校通过联盟的方式，将优势的富裕教学软硬件资源作为共享资源，得益的必然是广大学生。

吉外于 2015 年加入吉林省网络课程共享联盟，先后从智慧树在线教育平台、超星尔雅课程平台及中国大学慕课平台中选择了包括《大学生思想道德修养与法律基础》《大学生心理健康》等国家级精品在线开放课在内的近 500 门次通识课慕课资源。同时，学校自建的两门慕课资源《走进意大利》《长白山文化》于 2018 年开始在智慧树在线课程平台正式上线，截至目前，选课学校近 80 所，选课人数近一万人，学生学习满意度高达 95.5%。

四、校政资源整合

（一）搭建校政合作平台

校政联合是合作教育的一种方式。学校办学离不开地方政府的支持，高校在哪儿办学，就会和当地政府结下必然的联系。政府关注当地高校的发展，并积极为其提供政策上的支持和公共产品的服务，学校也为当地经济建设和社会发展培养更多更好的人才。吉外以服务国家和地方经济社会发展为己任，积极搭建校政合作平台，先后与吉林省商务厅、人社厅、文旅厅、公安厅及吉林省外事办公室等政府部门建立了合作关系，为国家和地方经济发展培养高素质高层次应用型人才。

（二）多种形式联合育人

一是建立校外实践基地。根据教育部相关文件精神，结合为振兴东北老工业基地服务的实际，吉外于 2012 年依托吉林省外事办公室申请成立文科（外语非通用语种）大学生校外实践基地，该基地 2013 年 5 月被教育部批准为国家级大学生校外实践基地。

二是联合建设专业。以翻译专业建设为例，吉外与吉林省外事办公室建立校政合作关系之后，搭建起了校政联合培养平台，双方共同推进专业建设。在促进教学策略创新方面，通过以项目带教学，开创了翻译专业项目源语文本为课堂教学教材的先河，给学生一种身临其境的感觉；在优化师资队伍结构方面，一边吸引各合作单位的资深业内人士和管理专家不断充实到吉外翻译专业教师队伍中来，一边让吉外翻译专业的教师通过校政联合培养平台不断在省内各种国际会议和招投标项目的翻译舞台上大显身手，得到锻炼，增长参与实际翻译工作的经历；在提高人才培养质量方面，为学生创造实践锻炼的机会，使学生口笔译综合能力在翻译的实践中不断得到提升。

三是与吉林省文化和旅游厅合作成立国际冰雪学院。2019 年，吉外与吉林省文化和旅游厅合作成立了国际冰雪学院。学校利用自身应用型国际化办学资源优势，本着更好地服务吉林省文旅事业发展，尤其是为吉林省打造冰雪丝路、成为世界冰雪发展新高地的战略思想提供智力及国际资源支持，双方计划联合成立吉林省国际冰雪交流中心，发挥高校专业特长和政府资源优势，建成东北地区特色鲜明的冰雪国际交流的新平台。双方将在策划、组织、承办国际冰雪活动，开展国际冰雪人才的交流、培训，建立国际冰雪发展智库和信息（数据）库，开展国际冰雪研究，承办冰雪国际论坛和国际交流与合作等方面开展具体合作。

五、国际资源整合

（一）成立国际资源整合的学术研究机构

近年来，随着各国政治经济文化等的不断发展，高等教育也面临着向全球化发展的趋势，这对于提升一个国家高等教育办学水平、深化高等教育体制改革与创新发展、培养具有国际视野的高素质人才等方面提供了有利条件；同时也对各国大学现有的教育目标、教育资源、体制机制、专业结构、管理方式以及大学未来创新发展的价值取向等方面形成了新的挑战。

国家于 2013 年提出建设"一带一路"的倡议，2015 年 12 月在吉林省教育厅的大力支持下，吉外将学校原"长吉图开发开放先导区应用型外语外事人才培养协同创新中心"，更名为"带一路语言文化服务协同创新中心"，并成功入围吉林省教育厅重大需求遴选项目。该中心现已建立了"一个机制、二个机构、三个支撑、四支队伍"，并在语言服务人才培养、外国语言文化研究，大数据、人工智能和机器翻译网络学习平台建设、展会及口笔译翻译服务、东北亚国别经济社会研究等方面积累了较强的科研实力和跨界研究基础。

一个机制：协同研究与开发机制。二个机构：教学科研服务部和语言文化服务部。三个支撑：省重点学科——外国语言文学学科、省人文社科重点研究基地——外语类应用型人才培养研究中心和国家级实践教学示范中心——地球村。四支队伍：外语外事人才培养团队、外国语言文化研究团队、口笔译翻译团队和网络技术团队。

（二）构建国际交流合作平台

1. 开展国际交流与合作

目前，吉外与美国、俄罗斯、英国、加拿大、法国、德国、意大利、西班牙、葡萄牙、新加坡、韩国、日本、埃及、墨西哥、澳大利亚等 24 个国家和地区的 100 多所高校或教育机构建立了合作关系。代表性项目有：与美国新泽西城市大学共同举办了金融学专业本科教育项目，联合建设了孔子学院；与韩国世宗财团联合创建了中国东北地区唯

——所独立运营的世宗学堂；与蒙古国立大学创办了蒙古语专业双向"2+2"项目；加入了意大利的"马可波罗计划"，实行"3.5+1+2"的本硕连读项目；与澳大利亚纽卡斯尔大学的教育学院和商法学院同时开展"2+2"项目；与墨西哥安娜互克大学、德国慕尼黑应用语言大学等开展多项合作。

2. 建立国际交流合作项目体系

学校在开展"双向留学"的实践中，为确保稳定的合作办学关系，使双方留学生的学习成绩能有科学、合理的确认依据，逐步建立起了学分互换、本科双学位、本硕连读、专业实习等全面的国际交流与合作项目体系，进一步完善了相关的制度建设，如《来华进修班留学生人才培养方案》《来华短期班留学生人才培养方案》《来华留学生全英授课课程一览表》《国际交流学院留学生管理办法》《学生出国留学管理办法》等，切实加强教学管理制度建设。近五年每年都派出500多名学生出国出境进行交流学习，部分专业学生出国学习比例近100%。同时，广泛接收国际学生。目前，全校已接受国际学生1000余人，来自韩国、日本、俄罗斯、白俄罗斯、乌克兰、意大利、喀麦隆、蒙古和尼日利亚等10多个国家。

3. 提高教师国际化水平

在提高教师国际化水平的工作上，积极聘请外籍教师来校任教，学校每年都有外籍教师50多名，分别来自不同的国家不同的语种，占全校教师总数的13.3%，这一比例在我国高校中处于较高水平。同时，还积极为教师出国学习访学、参加学术交流活动创造条件。近五年，学校累计有110多名教师到10多个国家学习交流。

4. 举办国际活动

学校举办和承办"中外大学校长联席会议""中外大学校长论坛"，

联合国教科文组织"2014 亚欧教育论坛"，中国韩国（朝鲜）语教育研究学会 2015 年度国际学术大会等国际学术会议。自 2015 年起学校开始举办"大使讲坛"活动。至今共邀请到 20 位中国驻美国、挪威、匈牙利、中东地区、非洲地区的前任资深大使、参赞来吉外做讲座。讲座主要包括"一带一路"与我国外交政策解读、我国公共外交的特点、非洲社会经济特点、外交人员基本素质等内容。这些活动开拓了师生国际视野，为培养复合型和应用型外语人才提供了强有力的支撑。

第五节　吉外应用型人才培养模式的主要类型

从高等教育大众化背景、经济社会发展需求来看，建立和创新多元化的外语人才培养模式，发展各自人才培养特色，既丰富了外语教学内涵，又适应了社会需要。因此，结合各学校办学定位，可以开展精英式的外语人才培养，也可以开展大众化、普及化教育下的应用型外语人才的培养。事实上，国家也看到了外语专业的复合性、应用性要求，在近几年的时间里，在外语学科下陆续增加了商务英语、翻译等语言类专业，显示了社会对外语结合经贸、结合翻译等行业的特殊需求。

吉外从创办以来，一直坚持应用型、复合型、外向型人才培养的目标，不断探索具有学校特点的人才培养模式。吉外人才培养模式主要有"外语＋专业""专业＋外语""双外语""小语种＋英语＋专业"等四种。吉外是一所以外语专业为主高校，也有一定数量相关的非外语专业，其中"外语＋专业""双外语""小语种＋英语＋专业"是针对外语专业创新的模式，"专业＋外语"是针对非外语专业创新的模式。在外语专业应用型人才培养中采用五年制"双外语"模式，在国内属于首创，后来有不少高校的外语专业也陆续采用"双外语"模式，但它们是四年制。"外语＋专业""专业＋外语"模式，在吉林省高校中也是首先提出和实施。实践证明，吉外的这四种培养模式效果是好的，提高了教育教学质量，受到社会认可和好评，毕业生受到用人单位的欢迎。

一、"外语＋专业"模式

这里的"外语"主要是指英语专业，"专业"是针对某一非外语专业的专业知识，以市场需要为原则开设的专业方向，如经贸、旅游、教育、新闻等专业方向。这种模式的外语，必须达到国家制订的专业教学大纲的要求，强化听说，听、说、读、写、译全面发展。并要保证开出所设专业方向的主要主干课，重点讲授专业知识的应用和实务部分，其课时比例在15％－25％左右；部分专业课程采用双语教学，以增强所学语言的应用性。例如，英语专业的"英语＋旅游"专业方向，从培养目标上看，除了具有扎实的英语语言基础外，还应具备从事旅游行业的知识和能力；在培养规格上进一步明确相应的旅游知识和能力要求；在课程设置上，开设相应的旅游方面的必修课和选修课，而不开设其他行业的课程。

二、"专业＋外语"模式

这里的"专业"是指某一非外语专业的某个专业，"外语"主要是指英语专业。一般而言，非外语专业的大学生，虽然也学过外语，但大多是"哑巴外语""聋人外语"，不过关，在外经外贸场合不能运用。"专业＋外语"模式就是要解决这个问题。非外语专业中的专业必须达到国家对该专业的基本要求，注重专业应用能力的培养；外语要强化语言应用能力的培养，一、二年级要保证基础外语的课时，加大听说的训练强度，高年级要开设专业外语课程，逐步增加专业课中双语教学的课程门数，专业选修课中要规定外语类课程的必选学分，使大学四年做到外语学习不断线。仍以旅游为例，英语专业＋旅游方向和旅游管理专业＋外语这两种模式的定位应该有所不同，简单地说，前者侧重培养能在英语语言国家进行旅游活动，"带国际旅游团"的人；后者则侧重培养"在国内带（包括外国人）旅游团"的人，同时能利用所学语言，开展旅游行业研究的人。

三、"双外语"模式

目前，这种模式主要体现在英语专业上，加上另一语种，如德语、法语、日语、韩语、西班牙语等，即开设英德、英法、英日、英西双语方向。这种模式具有以下几个特点：一是以英语专业为主，兼顾另一种语言的学习，颁发学位为文学学位，专业是英语专业。学制为五年制。这与双学位不同。二是学习要求比较高，英语必须达到国家制定的英语专业教学大纲的基本要求，英语的听、说、读、写、译的基本技能要全面发展，具有一定的语言理论和文化知识；另一种外语是零起点，也要达到国家制定的相应专业教学大纲的基本要求，具有听、说、读、写、译的应用技能和言语交际能力，具备双语双强的素质和能力。学生要达到双语双强要求，经过实践难于达到，2005 年学校向教育部提出双语专业学制改为五年制并得到批准，实践证明效果是好的。三是在教学计划安排上，两种语言的学时比例大致相当。四是教学过程相对复杂，因为同时学习两种语言，相互之间影响比较明显，当然有干扰因素，也有相互促进的因素，因此要有合理的教学策略。在实践中，学校提出了"对比差异，积极迁移；合理侧重，均衡发展；相互渗透，彼此促进"

的教学策略原则，促进了教学质量的提高。

实践证明，"双外语"模式得到了社会、家长和学生的认可和肯定，招生时报考双外语专业的学生特别多，生源特别好，就业形势也特别好，双外语专业深受市场的欢迎。

四、"小语种＋英语＋专业"模式

这里的"小外语"主要是指除英语专业以外的外语专业。这种模式特点是除学习一种非英语的语种外，还要学习第二个外语语种，原因是，在国际上英语是一种通用语种，国际会议和大多数场合的外经外贸以及文化活动中基本都是使用英语，目前社会对小语种人才的培养上也强调了对英语的要求。吉外采用小语种"小语种＋英语＋专业"模式的人才培养模式是一个创新。小语种专业要达到国家制定的教学大纲的基本要求；同时在学生中学阶段学习英语的基础上，要重视英语的教学，特别强化听说能力，做到英语课程设置不断线。至于"＋专业"则与"外语＋专业"模式基本相同。

纵观上述模式，我们认为：各种外语人才培养的模式既相互联系，又有所侧重，应该协调协同发展，不应该片面地用某一把尺子来衡量各高校外语教学质量的优劣。各外语专业要从本专业的发展状况、师资队伍、学生来源、所在地区的社会和经济发展的需求及就业市场的需求出发，实事求是，因地制宜，因校制宜，自主确立、不断创新人才培养模式，并选择复合的专业，处理好知识、技能和能力之间的关系，努力培养出服务于本地区经济建设和社会发展的需求、受到社会欢迎、有特色、高质量的复合型外语专业人才，创出学校和专业培养人才的特色。

第六节　吉外应用型人才培养模式改革的案例

案例一

高级翻译学院是吉林省首家本科教育和研究生教育的翻译专业学院，也是"吉林省应用型翻译人才培养模式创新实验区"和"吉林省翻译实验教学示范中心"，建有多语种同传实验室、机辅翻译实验室、翻译工作室等。翻译专业是吉林省特色高水平专业和品牌专业，现有英语笔译、英语口译两门省级精品课。学院拥有一支翻译技能过硬、教学本领强的教师队伍，"翻译专业教学团队"和"翻译实践教学团队"被评为省级优秀教学团队。现在学院的专职教授6人、国内外客座教授7人、副教授5人、双师型教师10人，行业导师19人。近三年，学院教师一共出版专（译）著20余部，主持了省部级课题10余项，发表论文30余篇，人均笔译翻译量达40余万字、国际会议口译场次达20余场。

（一）人才培养方案的特点

1. 人才培养目标突出应用型

在人才培养目标的制定方面更多地考虑本地区的地方经济发展需求。翻译专业旨在培养具有扎实的外语汉语言基础、掌握翻译技巧和具备良好的跨文化交际素养的应用型人才。更加注重学生了解翻译基础理论、掌握口笔译基本技能、能够运用翻译工具，具备独立思考能力和沟通协调能力，了解翻译及行业运作流程，能在翻译岗位从事一般性实用文本的口笔译，使学生成长为能够从事涉外交际工作的应用型、复合型、外向型专业人才。

2. 人才培养规格突出知识、能力、人格全面发展

学生既要有扎实的专业基础和理论知识，又要有丰富的社会学知识；在能力上不仅要求学生具备语言理解和表达能力、转换能力、跨文化交际能力，还要具备一定的分析和解决问题的能力、翻译项目管理能力和团队协作能力；在人格上要具有良好的思想品德和职业道德，具有一定的审美情趣、文化品位、人文素养和科学素养，还要有较强的心理素质、社会责任感、家国情怀以及国际视野。

3. 课程设置突出岗位实际工作需要

按照"语言技能 + 文化素养 + 专业知识和技能"的原则进行课程设置。专业基础必修课除口笔译外，还应用翻译、交替传译等课程，在选修课程设置上增加了新闻英语听译、英语演讲和辩论等以实践教学为主的课程，还有机辅翻译、商务英语口笔译、会展翻译、旅游英语翻译、公共服务领域英文译写、海乘英语与翻译、汽车英语与翻译、轨道车辆英语与翻译等一些与学生未来的工作岗位结合紧密的课程。与2010 版人才培养方案相比，正在使用的 2016 版人才培养方案将专业课程占比提高了 5%，独立实验实训课程占比 2.15%，应用型教学得到进一步强化。学生需要完成的实践教学课程（环节）由原来的 30.5 学分增加为 36 学分，更加注重学生实践应用能力的培养。

（二）教学改革和建设的主要举措

高翻学院始终把改革和创新作为专业发展的推动力，加强内涵建设，不断深化教学模式、教学内容和教学方式的改革，保证学院人才培养质量。

1. 校政结合，创新人才培养模式

校政结合是高翻学院人才培养模式的一大特色。2009 年教育部批准吉外设立本科翻译专业以来，就与吉林省外事办公室建立了合作关

系，吉林省外事办公室成为了翻译专业的一个校外实习基地，学院通过学校先后还与吉林省商务厅、吉林省电视台、日中口述历史研究会、吉林省外研社、长春市政府外事办公室等省市政府部门及文化事业单位建立了校政合作关系，搭建起了校政联合培养平台。多年来，翻译专业借助这个平台促进了教学模式的创新，优化了师资队伍的结构，提升了人才培养的质量，获得了良好的社会评价。

自从 2011 年吉外专业硕士翻译类别获批国务院学位办特殊需求项目以来，与吉林省外事办公室合作关系更进了一步，学校与吉林省外事办公室签订了联合培养翻译硕士专业学位研究生合作协议，省外办专家全程参与培养过程，共同制定人才培养方案，派出了 13 名外语翻译专家担任研究生培养"双导师制"的硕士研究生导师，每年提供不少于30 个实习岗位，指派专人进行实践指导，接纳不少于 5 名教师挂职锻炼，同时，根据吉林省翻译行业需求，推荐学生就业。

校政联合培养平台的搭建一直遵循"立足吉林，服务东北"的宗旨，为东北亚地区社会发展和经济建设服务。有了这个平台，带来了很多的项目和任务，学生就有了参与的机会。学生口笔译综合能力在翻译的实践中不断地得到了提升。学生们较好地完成了东北亚投资贸易博览会、汽车博览会、长春农博会、上海世博会、长春国际雕塑展、长白山国际雪雕邀请赛、瓦萨冰雪节等省内外大型国际会议口笔译的翻译任务，受到了主办单位的肯定。吉林省文化纪录片《人参》后期字幕翻译（英汉 8 万字），历史纪录片《东北抗联》日汉、汉英翻译组受到吉林电视台的特别表彰，该纪录片荣获 2014 年中宣部门"五个一"工程奖。

2. 校内、校企、国家交流相结合，创新实验教学新模式

充分利用"地球村"等开展校内实践教学。利用"地球村"内的

语言文化符号和元素，构建"地球村"实践教学体系，为学生实践能力的发展创造良好的环境。根据"文化氛围为平台，语言实践操练为核心，创新实践内容为载体"的教学改革思路，积极参与"地球村课堂"教学改革；形成同传、"多语种翻译＋"等以对象国代表性文化体验和语言实训为主的一系列"吉外地球村俱乐部"。

通过校企、校际合作增加学生实践机会。协助学校推进和上海予尔公司的实质性合作，建立服务吉林省地方经济发展的语言服务基地；与吉语翻译公司联合创建"冠名比赛"项目；在"汽车翻译""轨道车辆翻译"两门课程上，实现校企合作开发网络课程；与长春大学合作，实现了英语手语翻译课程与本科教育对接；在学校支持下，完成机辅翻译软件的更新换代，推动了机辅翻译教学的创新发展。

通过国际交流拓宽学生进一步学习的眼界。与国际翻译学院联合会（CIUTI）建立长效工作机制，增进学生对翻译前沿动态的了解；与美国蒙特雷学院建立联系，推进联合培养机制；与美国手语翻译协会建立合作关系，为成立我国第一个外语手语翻译人才培养基地和中国外语手语翻译协会创造条件。

3. 方式多元化，创新人才培养途径

以考促教，明确学习目标。为使学生学习目标更加明确，高翻学院尝试将专业教育与人社部翻译资格证书考试挂钩。仅 2017 年，高翻学院就有 37 名学生考取了人社部翻译资格证书。其中研究生 17 人考取二级口笔译证书；本科生 20 人考取三级口笔译证书。此项教改任务的推进成果，为翻译专业人才的培养由"专业化"向"职业化"转变积累了经验。

以赛促学，激发学生学习动力。通过开展专业竞赛，激发学生学习动力，带动学风建设和专业社团建设。在第六届全国中译杯口译大赛中，高翻学院学生连续六年蝉联吉林省第一名，团体实力在吉林省更是遥遥领先：在获奖前 12 名选手里面，高翻学院学生占了 6 人；中译杯东北大区赛二等奖 1 名，三等奖 2 名，优秀奖 3 名。此外，在第 7 届海峡两岸口译大赛东北大区赛中获第一名。教学竞赛极大地激发了学生们主动学习的积极性，助推了学风向好发展。

推进双创活动，提升学生的实践能力。利用大创项目，鼓励大学生立项、创立公司，组建社团。在导师组的指导下，学生创立了多家翻译公司，2017 年，仅"译途"一家公司就完成翻译量 27 万字，极大地锻炼了学生的翻译能力。学生社联创办的"吉外高翻译家"微信公众号，2017 年发布信息约 330 条，图文信息阅读点击量超过 16 万次。学院积极鼓励教师带领学生参加学校和地方组织的各项活动，为学校对外宣传笔译和审译提供智力支持。

4. 专兼外三结合，创新教师队伍结构

培养专任教师教学骨干。专任教师是高翻学院的核心教学力量，保障了教学工作的高质高效。翻译专业一直把培养和提高骨干教师教学能力作为人才队伍建设的中心工作。根据教师的特点分类别进行管理，让教师的专长得到充分发挥。通过提升教研室主任以上的管理干部的能力推动学院的创新发展，实施教师教学质量末位淘汰制，激励教师教研的积极性，积极推进学科梯队建设，引进翻译博士人才和高端职业人才。

兼职教师教学指导作用的发挥。兼职教师作为专任教师必要的补充，为高翻学院教学的发展注入了活力。兼职教师队伍以翻译界具有很高造诣的专家、学者或职业人为主体，他们凭借自己的翻译研究能力和翻译实践经验指导翻译专业，使高级翻译学院的教学紧紧围绕学科前沿和翻译实践展开。

外籍教师优质资源的充分利用。通过与国外大学合作等途径，学校引进了大批外籍教师，他们是外语教学的优质资源，以促进翻译专业教学达到国际化水平。

多年来，高翻学院坚持人才培养及其模式的改革，提高了教育教学质量。翻译专业学生在历年的全国口译大赛中多次获奖：在中译杯全国口译大赛吉林省赛区连续 7 年夺得冠军，东北大区赛连年排名前三强。五年来，翻译专业的学生获国家级口译大奖 4 项，东北大区奖 28 项，省级奖 36 项。毕业生近三年就业率均在 95% 以上，而且有优秀毕业生进入吉林省外事办、亚马逊（中国）、中国远洋运输集团、新华社《参考消息》报等单位工作，用人单位对翻译专业毕业生的满意度达到 97.1%。

案例二

东方语学院下设日语、朝鲜语、阿拉伯语、蒙古语、印尼语、波斯语、英日双语、英韩双语 8 个本科专业以及日语口（笔）译、日朝双语口译、朝鲜语口（笔）译、阿拉伯语口译 6 个翻译硕士专业方向。拥有"综合日本语""综合韩国语""日语笔译""韩国概况""日语口译"5 门省级精品课。日语专业被评为国家首批本科专业综合改革试点专业、吉林省四星级品牌专业、省级特色专业；朝鲜语专业被评为省一流本科专业建设点、省级特色专业，并设有中国唯一一所具有独立运营权的独立型韩国世宗学堂。学院目前在校本科生 1653 人，硕士研究生 74 人。现有教师 68 人。其中中籍教师 52 人、外籍教师 16 人，外籍教师占全院教师 24%。中籍教师中，教授 10 人、副教授 14 人，高级职称教师占比 46%；博士（含在读博士）25 人，占比 50%；日语、韩语的专任教师具有国外留学经历的比例为 100%；具有行业背景双师型教师 13 人，占比 25%。近年来，学院教师公开出版的专著、译著达 70 余部，发表的学术论文百余篇，承担 1 项国家社科项目，10 余项省部级项目，学术成果日渐丰厚。经过学院师生多年的不懈努力，东方语学院现已形成了明确的研究方向、科学的专业布局、合理的梯队建设的特色，如今已成为一个奋发向上、团结协作的团队。

东方语学院人才培养有以下两大特点：

（一）不同专业，采用不同的培养模式

1. "小语种 + 英语 + 专业"模式

东方语学院设有日语、朝鲜语、阿拉伯语、蒙古语、印尼语、波斯语六个小语种，对这些小语种人才采用"小语种 + 英语 + 专业"培养模式。学生对这些小语种的学习基本都是从零开始，在一、二年级实行大剂量高强度集中学习外语，达到该语种听说能力基本过关的学习要求；同时强化英语教学，增加专业英语的课程；还要求学生了解国际经贸发展动态和相关产业、行业需求，掌握国际贸易、国际商务管理、电子商务等领域基本知识，开设了国际商务礼仪、跨境电子商务、外贸函电、会展翻译、汽车日语、旅游日语等和工作岗位关系比较密切的选修课程，增强了学生为地方经济发展服务意识，毕业生能熟练运用小语种、英语、汉语从事外事、外贸、管理、翻译、涉外汽车行业等部门的工作。

2. "双外语"模式

东方语学院设有英日双语、英韩双语，它们是英语专业的两个双外语方向。对这两个专业方向人才采用"双外语"培养模式。在培养过程中突出双外语特征。英语必须达到国家专业教学大纲的要求，英语的听、说、读、写、译的基本技能要全面发展，具有一定的语言理论和文学文化知识；日语也要达到国家专业教学大纲的基本要求，具有听、说、读、写、译的应用技能和语言交际能力。英语教师与日语教师共同承担笔译和互译课程，选择同一份翻译语料，通过"同一个入口"进行双外语融合教学，提炼共性，突出差异，实现双语双强的能力培养。

培养规格强调双语并重和三语翻译。为了保证人才培养质量，打牢两种外语基础，双语方向的学生在学制上延长为5年，一、二年级为基础阶段，三、四、五年级为提高阶段。通过基础阶段的学习，学生进一步扩大自己对文化差异的理解，增强语言的敏感度，提高英日、英韩语言的综合运用能力，能够熟练使用语言进行交际。

课程设置围绕打牢双语基础。英日、英韩双语专业因强调双语并重，学生学业压力较大，需要修满182学分方准予毕业。从入学第一学期开始，学生除了需要完成英语专业课程外还增加了综合日语、韩语课程，综合英语和综合日语、韩语的课时比例为4∶3。从第五学期开始日语、韩语课时比例逐渐增大，此时日语、韩语和英语课时比例约为2∶1。目前运行的人才培养方案与2010版人才培养方案相比，实践教学由原来的占比30.5%提升为34%。专业课程占比由原来的86.5%调整为83.3%，其中专业选修课由原来的占比6%增加为11.69%，增加了5.69个百分点。这两项调整表明目前的教学更加突出了教学的应用性和复合性。

3. "语言、功能、文化"三位一体的强化教学模式

东方语学院日语系根据日本语和日本国的特点，提出了"语言、功能、文化"三位一体的强化教学模式。该模式追求语言的民族性，因为在教学中强调语言的民族性，才能掌握地道的语言，才能理解该民族的特征。

三位一体中的"语言"是指语音、词汇、语法构成的知识体系。"功能"包括信息、情感交流和思维等内外部交际功能，合作、礼貌、隐含、语境等语用功能，词与词、句与句、句群与句群的搭配功能。语

言的功能侧面反映了语言的存在价值，也反映了语言的民族性和社会性。"文化"从语言教学角度看，语言是该民族文化的载体。各民族自古以来的文化（包括政治、经济、历史、地理、民俗、风俗习惯甚至语言本身及其变化）都凝聚在语言的语音、词汇、语法以及独特的惯用语和俗语谚语中。而且，语言的使用上出现该民族爱用的词汇选择，句型的选择以及比喻的选择，同样也有禁忌的词汇、句型结构，这些都反映了语言的民族性。

在语言的知识、技能、能力三要素教学中，语言、功能、文化是三位一体的。例如，外语的单词（知识）教学，要讲清词汇意义（功能），词汇的意义在教学过程中由浅入深，由单一的基本意义过渡到多义，并注意挖掘和导入词汇的文化要素。

为了落实这种教学模式，日语系采取中日教师共同备课、共同教授同一个班级，大力加强年级组活动。

（二）利用国外优质教学资源，积极开展国际交流与合作

东方语学院在人才培养中重视应用型和复合型外，还加强外向型（国际化）人才培养。为了利用国外优质教学资源，积极开展国际交流与合作，已与日本、韩国、蒙古、印度尼西亚、马来西亚、泰国、缅甸等国的 44 所大学建立了友好交流关系，2017 年派送学生出国留学共计185 名，2018 年 189 名、2019 年 238 名，至今已派遣留学生近千人，学院整体出国率超过 70%。很多毕业生进入国外三星、惠普、比亚迪股份公司、东软集团、韩亚航空等世界知名企业就业工作，得到用人单位一致好评，社会声誉良好。

例如，韩语系已与 10 多所韩国签订了合作协议，进行了"2＋1""2＋2""3＋1""4＋2"等学习模式。在学生升入二、三年级时，按照学生的发展意向，送到韩国高校进行留学深造；与韩国的锦湖轮胎公司

等知名企业签订了实习合作协议，另外与在国内的国外跨国企业进行合作，已与印度塔塔集团信息技术公司、印孚瑟斯技术（中国）公司等跨国集团签订了实习协议，每年可容纳几十人实习；与韩国国际翻译协会建立合作关系并挂牌，成为韩国语翻译证书吉林省考点，组织韩语系教师参加考试并获得翻译资格证书，提高双师型教师比例；与韩国庆南大学共建教学与研究中心；与韩国世宗学堂财团共建世宗学堂教室；积极开展各种大型活动，加大在国外的宣传工作，吸引了韩国领事馆等组织为学校专业建设、地球村捐赠图书、资金和展示物品。

几年来，东方语学院坚持教学建设和改革，取得了丰硕的成果，提高了教学质量。从学校组织的毕业生对学校人才培养质量的调查看，日语专业毕业生总体满意度最高，达到97.63%，从调查的17项指标来看，东方语学院学生满意度最高的是学风建设，满意度为99.07%，其次是教学改革，满意度为97.55%。近几年，学生在各级各类竞赛中取得了多项奖励，如获得了第四届"锦湖韩亚杯"全国大学生韩语演讲比赛全国总冠军，首届吉林省十校联合大学韩语演讲比赛高级组冠军，首届全国高校汉语阿拉伯语文学翻译大赛二等奖，第一届东北三省韩国语话剧大赛一等奖等荣誉。

案例三

西方语学院下设法语、德语、西班牙语、意大利语、葡萄牙语、德语（中外合作办学）、英语（英德双语）、英语（英法双语）、英语（英西班牙双语）等本科专业（方向）及德语口译、法语口译、西班牙语口译、意大利语口译等4个翻译硕士专业领域。其中英语专业（英德、英法、英西班牙双语方向）为国家级一流本科专业建设点，"十二五"国家级特色专业；德语专业为省级一流本科专业建设点，"十二五"省级品牌专业、特色专业；法语专业为省级一流本科专业建设点，"十二五"省级特色专业；意大利语专业为省级一流本科专业建设点，省级特色高水平专业。拥有省级精品在线开放课1门，省级精品课1门，省级优秀课3门，省级人才培养实验区1个，省级校外实践教育基地1个。学院教师队伍结构合理，外语水平高，业务能力强，师德高尚。60名专职教师中教授6人，副教授12人，讲师25人。聘用相关语种的外国专家20名。定期邀请我国驻外大使、国内外知名学者及企业职业人来院授课、讲座。承担省级以上教、科研项目20余项，发表学术论文百余篇，公开出版专著、译著30余部。

（一）人才培养目标突出外向型

在"小语种＋英语＋专业"的培养模式下，培养符合市场和企业需求，服务于国家与地区经济、文化、社会发展的应用型、复合型、外向型高级外语人才。尤其在外向型人才培养方面，学院结合外语专业学生学习、发展的内在规律以及就业市场的需求，不断完善人才培养方案、加强师资队伍建设、开展教学改革创新、深化国际交流合作，着力培养通晓国际规则、拥有全球视野和家国情怀、能够参与外事活动、具有跨文化能力的外向型、国际化、高素质外语人才。经过多年的努力与实践，学院毕业生进入外交部、外国驻华大使馆等外事部门以及中建集团、一汽大众、中地海外集团等知名跨国企业工作，赴国外继续深造的毕业生数量逐年增加。

实现外向型人才培养，首先要制定科学、合理的人才培养方案。学院的人才培养方案将外向型人才培养作为重要的人才培养目标之一，在人才培养规格中进一步明确了外向型人才应具备的知识、能力、素质，并在课程体系构建中，以具体课程为载体，实践和实现外向型人才培养的目标。

在人才培养目标的制定方面更多地考虑国家及区域对外发展战略对外语人才的需求,明确了培养具有全球视野和中国情怀,具有扎实的相关语种基本功、较强的相关语种学习能力和应用能力,掌握专业知识,通晓特色方向,熟知相关语种国家社会与文化,兼通西方文明与欧盟概况,具备跨文化交际能力和创新能力,服务于国家与地区经济、文化、社会发展,适应对外开放、交流需求,通晓国际规则,能够参与国际事务和国际竞争,在经贸、商务、工程、教育、汽车等领域从事涉外工作、语言服务及管理工作,具有较高人文素养和强烈社会责任感的应用型、复合型、外向型国际化小语种人才。

人才培养规格中进一步明确、细化了外向型人才应具备的素质、知识和能力,即:素质层面要具有全球视野和中国情怀;知识层面要同时熟悉中国语言文化知识,通过比较,认识中国文化和相关语言国家文化的基本特点和主要异同;要掌握相关语言国家与地区社会、文化、文明等知识;掌握一定的外事知识和国际规则;能力层面要具备恰当得体的跨文化能力,能以开放的态度对待多元文化现象,进行有效的跨文化沟通和交际;要具备一定的开展外事工作、参与国际事务的能力。

课程设置紧密围绕人才培养目标与规格,使其能够有所支撑、落到实处:一是强化学生的外向型意识,形成学生积极正确的外向型姿态。通知必修课中开设外事讲座,为学生讲授基础外事知识与规则,调动学生学习并掌握涉外规则,参与涉外活动的积极性和主动性;鼓励学生在10学分的通识选修学分中选修2-4学分与涉外礼仪、规范等相关的课程,以进一步深化学生对外事规则、礼仪等的认识。二是构建学生的外向型知识结构,提升学生的外向型文化素养。专业核心课中开设相关语言国家与地区概况、相关语言国家与地区文化、中国文化与相关语言国家文化对比等课程以及相关语言说中国文化、跨文化交际训练等实训项目，一方面加深学生对中国文化以及相关语言国家与地区文化的了解与认识，另一方面培养学生克服文化差异开展跨文化交际活动的能力，使其能够更好地满足国家、地区对外开放、交流需要，做好中国文化的传播者和跨文化交流的使者。三是培养学生的外向型专业能力，提高学生的外向型职场素质。面向汽车、工程、经贸等不同行业的专业选修课程模块同样注重培养学生在不同行业开展涉外活动或对外交流的能力，开设有国际贸易实务、国际商法、国际工程法务管理等课程，帮助学生掌握相关领域国际规则，更好地在具体行业开展涉外工作。总之，围绕外向型人才培养，学院在课程设置方面形成了从学习通用外事知识与规则到学习相关语言国家和地区文化，再到进行中国文化与相关语言国家和地区文化对比，最后到克服文化差异在具体行业开展涉外工作和跨文化工作的层层递进的课程体系。

（二）外向型师资队伍的建设和发展

外向型人才培养需要一支外向型的教师队伍作为有力支撑。在此方面，学院建有一支对外或涉外经验较为丰富的专、兼、外结合的教师队伍，承担专业课程的授课任务以及学生各实践环节的指导工作。

学院全部专职教师均有国外学习、深造、进修、高访经历，对相关语言国家和地区的文化、社会有较为全面的认识，对中国文化和相关语言国家和地区文化的差异等有较为深刻的理解。专职教师中更有在相关语言国家和地区工作多年的双师型教师以及从事数十年翻译工作的资深翻译家。专职教师的国外经历及其对相关语言国家和地区文化的理解与认识，能够在教学和指导过程中对学生产生积极影响，有助于学生扩宽国际视野，对涉外及跨文化交流产生浓厚的兴趣。

除专职教师外，学院还聘请跨国企业高级管理人员、高级翻译等作为兼职教师，承担部分专业方向课程的授课任务，为学生开展讲座，进行经验交流。这些兼职教师均有多年涉外工作经历，谙熟涉外规则、礼仪，拥有丰富的跨文化交流经验，擅长用工作实例对学生进行指导。兼职教师的涉外及跨文化交流经验能够在一定程度上弥补专职教师实践经历的不足，能够补充相关行业涉外和跨文化交流知识，为学生走出校门到相关行业开展实践奠定基础。

此外，学院还有 20 余名外籍教师，其中不乏拥有多国工作和任教经历的外籍教师和擅长跨文化研究的外籍教师。他们在帮助学生提高听说能力的同时，更能带动学生进一步认识相关语言国家、地区的国情概况、风俗习惯、文明文化等。与此同时，外籍教师所代表的也是不同语言文化背景下不同的思维方式和行为习惯。与外教进行沟通和交流，能够帮助学生更好地认识和接受不同语言文化背景下人们在认知、思维、行为等方面的多样性和差异性，并学会克服差异顺利开展跨文化交际活动。这些对于学生在实践和未来工作中同来自相关语言国家和地区的人员进行交流，开展涉外及跨文化交流活动，具有十分重要的意义。

（三）外向型人才培养的主要环节

外向型人才培养需要具体落实到人才培养的各个环节，需要大力推进各环节的教学改革才能得以实现。在此方面，学院主要从课堂教学、校内实践和校外实习三个环节进行了改革与探索。

1. 课堂教学从知识讲授向能力培养转变

为提高学生跨文化交际能力和在相关领域开展涉外工作的能力，学院在第一课堂的教学改革着重体现在从知识讲授向能力培养转变。语言技能类课程以顺利运用相关语言开展交际活动为目标，通过情景教学法、任务教学法等方式，将语言技能的训练同交际目标的达成相结合，提高学生熟练运用相关语言进行交际、开展交流的能力；概况、文化类专业知识课程充分利用地球村内教学资源，主要由外教承担授课任务，采用课堂报告、场景模拟、经典作品表演、热点讨论等形式锻炼学生理解相关语言国家、地区文化的能力，帮助学生通过自我实践、探究更好地把握中外文化差异，通过讨论、分析，形成自己在跨文化交际过程中对待各种差异的态度和立场；专业方向课程通过案例教学，模拟、讨论相关行业真实涉外案例，引导学生更好地掌握涉外知识、规则及相关领域具体涉外工作要求，学会处理具体领域涉外问题的方法。与此同时，各类课程高度重视开展课程思政，积极开展用相关语言讲解中国文化、讲述中国故事的系列实践训练项目，进一步培养学生的民族身份认同感、使命感，增强文化自信，引导学生在涉外工作中做好中国文化的传播者和中外沟通的桥梁和使者。

2. 以"大使讲坛"促动学生参与涉外活动相关社团，积极开展跨文化对比实践

为了进一步培养学生的全球视野和家国情怀，学院在学校"大使讲坛"系列活动框架下，多次邀请我国驻相关语言国家大使来校为学生做专题讲座。此项活动深受学生欢迎，很多学生通过"大使讲坛"，确立了投身国家外事工作的决心和志向，学院优秀毕业生进入外交部、外国驻华大使馆等外事部门工作。通过大使讲坛，学院还鼓励学生积极参与和涉外活动相关的专业社团或综合社团，包括相关语言国家、地区文化体验社团，国际礼仪社团，模拟联合国等等。上述社团均充分利用地球村实践资源开展各类文化体验活动、外事活动模拟、外事礼仪竞赛等，调动学生的积极性和主动性，进一步加深对相关语言国家、地区文化的认识，提高开展外事活动的能力。特别值得一提的是，英语专业双语方向的学生利用双语优势，积极参与模拟联合国活动，曾荣获中国模拟联合国大会最高奖项"橄榄枝特别奖"。

同时，在校内实践环节方面，学院注重引导学生结合相关课程，开

展文化对比实践，尤其鼓励高年级学生结合精读课程、跨文化课程等就社会热门话题开展中外实践调研。德语专业三年级学生曾在精读课讨论人口老龄化这一主题时，专门采访了校内中教和外教，详细询问了他们是否想要孩子以及孩子对于他们来说的意义。通过这样的实践活动，学生切身感受到了中德文化在孩子这一话题上的差异，并结合差异提出了更深层次的问题，同中教、外教展开了深入的讨论。此类实践活动有助于帮助学生一方面了解中外文化的不同，另一方面也学会如何顺利开展跨文化交流，为学生将来从事相关工作打下基础。

3. 为学生海外实习、跨国企业实习、外事机构实习创造有利条件

在校外实习、实践方面，学院积极联系中建集团、中地海外集团、一汽大众等知名跨国企业以及福建警察学院、商务部国际干部研究学院等外事机构，为学生顶岗实习、专业实习、毕业实习创造机会和条件。葡萄牙语专业、法语专业学生中赴海外开展毕业实习学生的数量逐年提高，德语专业每年派遣一定数量的学生到一汽大众开展毕业实习，西班牙语专业、法语专业、葡萄牙语专业每年均派遣学生参加福建警察学院和商务部国级干部研究学院的外事接待与翻译工作。这样的海外实习、跨国企业实习以及外事部门实践拓宽了学生的眼界，使学生学到了更多的涉外、外事知识和规则，大大提高了学生的跨文化交际能力和开展外事活动的能力，大大丰富了外向型外语人才的内涵，提高了外向型外语人才的专业能力和职场素养。

（四）进一步深化外向型人才培养的思路与举措

为了强化学生外经、外贸、外事知识，提升学生从事涉外工作的职业素养和能力，加强国际交流与合作，实现与国际接轨，是培养外向型人才的必然选择。为此，西方语学院始终坚持国际化的办学方向，积极探索国际交流与合作的思路和做法，全面提升国际化办学水平，为外向

型外语外事人才培养提供了有力支撑。

1. 精心设计海外学习交流项目

学院开展全方位、多领域、全覆盖的国际交流与合作，持续拓展校际合作关系，精心设计各类长短期学生海外学习交流项目，推动各专业学生出国（境）学习交流，持续扩大学生出国（境）交流学习规模，为学生走出国门，体验国际文化提供了良好的机会，开阔了视野、培养了国际意识，提升了语言交流和文化理解力。

学院目前与德国慕尼黑大学、慕尼黑应用语言大学、法国里昂大学、南特大学、西班牙巴塞罗那大学、萨拉曼卡大学、意大利威尼斯大学、都灵大学、葡萄牙阿威罗大学、里斯本大学等近42所国外知名大学保持着友好的合作关系，开展中外合作办学、"2＋2"本科双学位、"4＋1""4＋2"本硕连读、交换生、语言学习、短期进修等项目。学院成立至今，已派遣赴德国、法国、西班牙、意大利和葡萄牙等国留学生数千人；最近一年，学院各专业各类出国（境）学习的学生超过200人次，占单届学生总数的60%以上，其中意大利语专业和葡萄牙语专业出国率接近100%。

2. 推进中外合作办学

为了深化国际化办学内涵和层次，学院抓住契机着重推进中外合作办学。2017年1月，学院与德国慕尼黑应用语言大学合作举办德语专业本科教育项目得到教育部批准，项目采取3＋1办学模式，即前三年在吉林外国语大学学习，第四年在德国慕尼黑应用语言大学学习，课程考核合格后可获得两所大学的学士学位。该项目基于学生潜在的职业需求、学术需求和教育需求，专业设置满足了目前国内外对外向型外语人才的共同需求，国内外培养方案相辅相成，丰富学科内涵；传统授课与小组讨论紧密结合，拓展学生思维；社会实践与专题讲座相得益彰，培养具有国家意识和国际视野，德语语言基本功扎实、德语语言运用能力强，汉德双向翻译能力强，英语语言运用能力较强，具备一定的技术、经济领域基础知识、基本技能，综合能力强，综合素质高，能在科技、汽车、环保、外贸等行业从事翻译工作，为国家尤其东北地区经济建设服务的应用型、复合型、外向型德语翻译人才。

在努力做好与慕尼黑应用语言大学中外合作办学项目的同时，学院积极遴选海外合作伙伴，积极申报新的中外合作办学项目，力争中外合作办学项目五个专业全覆盖，目前与西班牙卡塔赫纳理工大学合作举办西班牙专业本科教育项目正在申报中。

案例四

国际经济贸易学院的前身是国际商学院成立于 2003 年，国际经济与贸易专业是学校设立最早的非外语专业，成为学校"专业 + 外语"模式的首个载体。目前学院设有国际经济与贸易、金融学、电子商务和经济学 4 个本科专业，以及国际商务硕士点与教育硕士点职教教育财经商贸类方向。其中国际经济与贸易专业被中国国际商会设为全国国际商务人才培养基地；国际经济与贸易专业在建设过程中曾先后被评为吉林省特色专业、吉林省品牌专业、吉林省特色高水平专业、吉林省一流专业示范点。学院具有国际经济与贸易双学位招生资格、金融学辅修专业招生资格、国际经济与贸易第二学位招生资格、金融学第二学位招生资格。金融学专业、电子商务专业为吉林外国语大学校级一流专业。学院建有省级 A 类金课 1 门，省级优秀课 5 门和精品课 2 门，校级课程思政示范课程 1 门。学院还建有省级应用型国际贸易人才培养模式创新试验区、省级经济类实验教学示范中心、省级商科跨专业虚拟仿真平台。学院目前在校本科生 1433 人、硕士研究生 12 人。现有教师 32 人，其中教授 4 人、副教授 14 人，高级职称教师占比 56.3%；博士（含在读博士）16 人，占比 50%；具有行业背景双师型教师 9 人，占比 28.1%。近年来，学院教师公开出版的专著、教材 10 余部，发表的学术论文 200 余篇，承担国家级及省部级项目 30 余项，学术成果日渐丰厚。

为实现学校提出的培养应用型、复合型和外向型国际经贸人才的培养目标，学院明确要求，必须注重专业应用能力的培养，强化外语语言应用能力的培养，学生毕业时专业必须达到国家对该专业的基本要求，外语必须达到具有从事外贸外事的能力和水平。为此，学院依托外国语大学优势，采取以下举措开展了"专业 + 外语"模式的专业建设，突出外语水平的提升，提高学生语言应用能力，增强专业的国际化水平。

（一）在"专业 + 外语"模式下处理好专业和外语的关系

"专业 + 外语"模式的思路主要是：非外语专业在执行专业人才培养方案的同时，英语学习四年不断线，鼓励学生充分利用外国语大学校内资源，学习第二外语。

1. 英语学习四年不断线：一、二年级要保证基础外语的课时，加大听说的训练强度；专业基础课融合经贸专业术语的英文表述，学生手中拥有经贸英文阅读文献与参考资料（比如 2017 年 7 月本院教师出版了《"一带一路"经贸术语解读》发给学生，深受欢迎），培养和锻炼学生专业英语资料收集与整理的能力；三、四年级开设专业英语课程，并增加专业课中双语教学与全英授课的课程门数，拓展学生的视野，提升学生获取英语资料中关键要素并制作方案的能力。

2. 第二外语学习：鼓励学生在完成现有专业课程与通识课程学习基础上，辅修第二外语或者选择我校为学生提供的法语、德语、日语、韩语、意大利语等语种的选修课进行学习，充分了解语言的入门技巧以及所学语种国家的历史、文化、习惯与法律，助力学生成为应用型、复合型和外向型人才所需的人文素养养成。

在 2017 年 4 月人才培养方案修订工作中，学院以国际经济与贸易专业人才培养方案为模板，使"专业 + 外语"特色更加鲜明（即学生专业要强、外语也要强），提高双语、全英授课的比例，突出应用型、复合型和外向型。具体做法如下：

1. 专业课程模块：将国际贸易、国际贸易实务、国际结算、WTO 规则、国际商务谈判课程设为中英双语授课，取消了"国际贸易地理"课程，增加了"'一带一路'专题"和"中蒙俄经济带贸易专题"（尝试实现专业 + 外语或 + 小语种，即贸易 + 俄语 + 蒙古语 + 日语 + 韩语）。

2. 实践教学模块：取消了实验室开放项目，设置了"专业文献检索与学年论文写作训练""经典书籍阅读与批注"课程。

3. 毕业要求：一是明确要求学生取得与国际经济与贸易专业相关的职业资格证书，并在读期间参加全国国际贸易职业能力竞赛。二是明确要求学生英语达到大学英语四级水平，参加大学英语六级考试并取得成绩报告单。

（二）"专业 + 外语"人才培养模式的升级设计

当今世界正发生着人类有史以来最为迅速、广泛、深刻的变化。以信息技术为代表的高新技术突飞猛进，数字技术被广泛使用并由此带来了整个经济环境和经济活动的根本变化从而形成数字经济系统；而且以信息化和信息产业发展水平为主要特征的综合国力竞争日趋激烈。在这样的背景下，"专业 + 外语"人才培养模式亟待升级。"专业 + 外语"人才培养模式的升级设计如下：

1. 国际经济与贸易专业的"专业 + 外语 + 数字贸易"的培养模式

国际经济与贸易专业以顺应数字经济的迅速发展需要与专注于服务

地方经济目标，凝练了"专业＋外语＋数字贸易"的培养模式。人才培养构建符合吉林经济发展需要的课程模块：国际贸易实务与跨境电子商务模块，为我省汽车后市场服务、农产品进出口以及跨境电商等部门输送专业人才。特别是货物贸易方面，专业围绕应用型定位更侧重贸易实务课程设置和研究。同时结合数字经济的要求，加强学生信息检索、信息搜集与处理并生成相应方案的知识学习与能力锻炼，打造复合型外贸人才。

2. 金融学专业的"专业＋外语＋数字金融"的培养模式

金融学专业凝练出了"专业＋外语＋数字金融"的培养模式，在传统教学与全员在学期间专业实习基础上，融合数据库应用技术、大数据分析等课程，培养学生金融工作实践能力与下信息技术处理能力。金融学（中外合作办学）"专业＋外语"人才培养模式升级为"专业＋外语＋数字金融＋国际化合作办学"培养模式。

3. 电子商务专业的"专业＋外语＋互联网＋"的培养模式

电子商务在结合"智慧旅游＋电子商务"专业群基础上，凝练出"专业＋外语＋互联网＋"的培养模式，培养具有"互联网＋"商务就业和创业能力，能够胜任现代商务智能管理与电子商务系统规划、分析、设计以及商务数据处理等工作的专业化人才。

4. 经济学专业的"专业＋外语＋物流"的培养模式

经济学专业结合多年专业建设实践，凝练出"专业＋外语＋物流"的培养模式，培养熟悉中国经济运行与实践，并能掌握现代物流专业方向，能运用英语从事经济交往活动和开展现代物流业务，经济学基础扎实，理论功底雄厚，兼有物流知识的、具有国际视野的、为地方经济发展服务的高素质的专门人才。

上述设计实施的一个显著成绩是，近年来有多名学生获得"PO-

CIB"（全国大学生外贸从业能力大赛）全国一等奖、二等奖等多项奖项，既彰显了"专业＋外语"模式的人才培养效果，又扩大了学校的影响力。

（三）"专业＋外语"模式的成效——以金融学（中外合作办学）为例

金融学（中外合作办学）是与美国新泽西大学举办金融学"3＋1"双学位项目，由中美双方共同制定人才培养方案，实现教师资源、优质课程、教材教案资源共享，做到"外籍教师引进来，中方教师和学生走出去"。金融学（中外合作办学）专业自 2016 年开始招生，现已招收四届学生。2019 年 7 月，国际经济贸易学院第一批金融学（中外合作办学）共有 17 名学生专业和英语达到要求，赴美国新泽西大学进行第 4 年的学习，学业完成后将取得双学位。

金融学（中外合作办学）专业是实施"专业＋外语"的人才培养模式的深度发展。体现在如下几个方面：

1. 在培养目标上，按照"面向世界、服务业界"的定位，致力于培养适应国际社会经济发展的需要，具备较扎实的金融专业知识、强烈创新意识，宽广国际视野、国际交流能力的金融领域的应用型、复合型和外向型人才。

2. 在课程设置上，中美双方共同制定专业人才培养方案。使课程设置既体现了美方课程特色，又保留了我校金融专业课程的基本课程模块。理论课程设置平台课程和专业课程、专业核心课程、全英文课程、中文课程、实践课程、创新创业课，并结合主要理论课程进行教学实习，主要实践性教学环节包括：专业调查、社会实践、毕业设计、毕业论文等，此外还包括军训、思想政治教育实践等。

3. 在教学资源上中美教师资源共享。利用美国优质教育资源、先进的办学经验和教育理念提升人才培养质量，组建了中美教师教学研讨团队共同授课。微观经济学、宏观经济学、市场营销原理、管理学原理、创业管理、商法等12门课程由美方教师进行授课。合作院校双方重视中外合作项目师资力量的培养，投入资金培训骨干老师，2017－2019年美国新泽西城市大学安排教学经验丰富的优秀教师对国内相关任课教师进行针对性培训，培训内容包括：教学方法、学生互动、中美差异、质量提升等。此外，我方院校派国内优秀教师赴国内外学习深造：1名教师作为首批赴美留学学生的带队教师到美国新泽西城市大学短期访学，1名教师到中国人民大学进行学术访问交流，1名教师攻读博士学位。此外，组织其他相关教师积极参加国际金融及其办学相关研讨会、讲座，切实学习合作办学中有关专业课程教学方法和管理知识。

4. 实现优质课程、教材和教案资源共享。引进的美方专业核心课程占中外合作办学项目全部核心课程的比例为55%；新泽西城市大学教师担负的专业核心课程的门数占中外合作办学项目全部课程的比例为36.1%；新泽西城市大学教师担负的专业核心课程的教学时数占中外合作办学项目全部课程教学时数的比例为35.1%，完全符合课程引进和师资引进中的相关要求，即"引进的外方课程和专业核心课程应当占中外合作办学项目全部课程和核心课程的三分之一以上"，"外国教育机构教师担负的专业核心课程的门数和教学时数应当占中外合作办学项目全部课程和全部教学时数的三分之一以上"。

第六章

吉外应用型人才培养模式保障体系

第一节　优化大学治理结构

现代民办大学治理结构，是民办高等教育改革创新的基石，是民办高校持续发展的根本保障。因此，研究现代民办大学治理结构建设中存在的问题，并通过吉外的改革实践为国家提供一个民办高校治理结构的典型模式，对于推进我国现代大学治理结构改革的整体进程具有重要的意义。

一、优化治理结构的意义

提供持续发展的动力。民办高校是在激烈的市场竞争中发展起来的，当前留存下来的民办高校都是竞争中的优胜者。在创业阶段，创办者一般是通过个人的成功决策，敢于抓住时机，获得发展机会，进而在竞争中胜出。但是，随着民办高校从规模化发展阶段转向内涵式发展阶段，民办高校面临着不同的发展任务，竞争依然很严峻，仅仅依靠个人决策，已无法应对大数据时代下更加复杂的问题。因此，在该阶段，需要由个人决策向集体决策转变，尽管集体决策可能会使效率有所降低，但可以确保决策更为稳妥和科学，以推动民办高校的持续健康发展。

提供智力支持。完善的法人治理系统，包含着决策、执行、监督等机制的构建。决策机制一般包含发展规划、智库、校内外专家咨询委员会等决策支持系统。完善法人治理的过程，同时也是推进决策支持系统构建的过程。对应用型院校而言，发展规划部门有利于为学校重大改革指明方向，智库系统有利于为校领导做出应用型发展的有效决策提供政策咨询建议，校内外专家咨询委员会，有利于整合国内外专家对应用型建设的各方面政策咨询建议。

为应用型院校建设提供制度保障。法人治理结构是沟通校内外关系的枢纽，能够很好地协调国家政策法规与校内的管理制度，主要体现在以下两个方面：一是可以通过完善大学章程，明确应用型院校的办学定位，并按照章程的规定完善学校管理制度建设，同时有利于教师执行规定，促进民办高校规范化发展；二是学校将章程报请上级行政管理部门通过或备案，明确校内外治理的关系，以进一步促进学校规范化发展，推动民办高校继续释放治理主体的能量，实现多主体之间的合作共赢。

二、我国民办大学治理结构的问题

(一) 治理结构与办学性质不匹配

在 2010 年以前，国家和政府层面没有关于非营利性民办高校的明确提法。根据《中华人民共和国教育法》中"任何组织和个人不得以营利为目的举办学校"以及根据《民办教育促进法》中"民办学校不得以营利为目的"的规定，从政策法规的视角来看，所有的民办高校都应该遵循"非营利的原则"，都应该属于非营利性民办高校。然而事实上，由于教育发展的迫切需求与国家财力不足的矛盾突出，民间资金进入的限制被放宽，致使大量寻利性资本进入教育领域，同时管理规范制度建设滞后于民办教育发展现实，形成多数学校存在营利倾向和行为的事实。① 例如，2011 年国家有关部门发布的问卷调查结果表明，民办学校创办者中只有 6 人（20%）认为学校分类管理能够实现。② 这其中赞成捐资或不要合理回报办学的创办者，也就是非营利办学的创办者，占比更少。

从理论和国际经验来看，营利性与非营利性民办高校的治理结构都不应该是相同的。但是，我国没有对营利性高校与非营利性高校的治理结构做出区别性的规定，③ 因此，在民办高校多数存在营利倾向和行为的情况下，却普遍宣称已经"建立"起"符合"非营利性组织法人治理结构。这样的法人治理结构多数是虚置的摆设，在现实中造成了种种矛盾和冲突，这已经成为我国民办高等教育发展的一个障碍。2016 年，《民办教育促进法》重新修订，实施分类管理民办学校中非营利性部分与营利性部分。从而出现了民办学校在办学性质中做出选择，并真正开始建立起与办学性质相适应的法人治理结构。

（二）相关法规不健全

一是我国现有的法规中民办高校的组织机构规定不够明确。从《民办教育促进法》关于"民办学校应当设立学校理事会、董事会或者其他形式的决策机构"（第十九条规定）看，并没有规定学校理事会、董事会或者其他形式的决策机构的产生办法，更没有规定董事会任期，

---

① 王烽.营利性与非营利性民办学校分类管理：挑战及对策［EB/OL］，七方教育研究院网站，2014－05－20.

② 钱亚平.内地部分民办学校借公益旗号赚钱欲分类管理引争议［EB/OL］.中国青年网，2011－10－10.

③ 鞠光宇.分类管理制度下民办高校的法人治理结构建构研究［J］.高教探索，2017（1）.

使得民办高校治理结构的建设缺乏政策法规指导。二是我国目前法规缺乏具体可操作的民办高等学校治理结构相关制度。在《民办教育促进法》中，民办高校的法人治理结构的规定并不详细，而且它与现有法规存在矛盾和冲突，根本不能在现实工作中实行。由于长期以来相关法律还没有把监事机构的设置作为民办高校内部治理结构的组成要素，现实中民办高校几乎不设置相应的监督机构。由于内部监督机制的缺失，决策机构和执行机构的行为缺少过程性约束，难以凝聚学校运行和发展的动力，使民办高校广大师生的权益无法得到充分保障，且存在着制度缺陷和道德风险。

三、探索法人治理结构的改革

（一）改革的背景

1. 承担教育部教育体制改革试点项目

营利性与非营利性民办学校分类管理，是落实民办教育优惠政策的基本依据，是完善民办教育基本制度的必要前提，是开拓民办教育进一步发展空间的迫切需要。2010 年教育部发出《关于组织申报国家教育体制改革试点的通知》，将"深化办学体制改革"列为四项重点改革任务之一，将营利性和非营利性民办学校分类管理列在其中的"改善民办教育发展环境"子项之下。

吉外自创办以来，始终坚持非营利性办学，为国家提供一个可复制可推广的非营利性办学的标杆，促进了中国特色的民办高校现代大学制度的建设。学校以"探索非营利性民办高校办学模式"为主题，主动申请"探索营利性和非营利性民办学校分类管理办法"专项改革试点，并获得国务院批准。学校成为吉林省唯一的高校承担该项目的试点单位。民办学校分类管理是民办教育体制改革任务中难度最大的一项改革。从提出对民办学校进行分类管理，到新《民办教育促进法》等系列配套政策文件颁布之前，社会各界围绕分类管理的可行性、分类标准和营利性学校的市场准入等问题展开激烈争论。而吉外作为试点单位，在这项改革中，高举非营利性办学的旗帜，以自己的实践和理论研究为改革的顺利进行发挥了巨大的作用。

2. 办学牢牢抓住公益性

学校办学牢牢抓住公益性，始终坚持办教育要对得起教育者的良心和社会的关注、对得起学生的时间和家长的信任，这是学校创办者的梦想与初心。建校伊始，学校就确立了公益办学思想并把"公益性办学"写入学校章程。24 年来，创办者不要一分钱回报，将办学积累全部用于学校发展，保证了办学资金不分散。办学来源于社会、回报于社会。学校高举公益性旗帜，坚持走非营利性办学道路，提高了全校教职工参与的积极性和学生奉献社会的责任感，更加坚定了学校走非营利性发展道路和创建百年名校的理想信念。公益精神已经成为学校的无形资产，成为无处不在的教育力量。

3. 进行捐资办学的司法公正

2002 年颁布的《民办教育促进法》规定"民办学校可以获得合理回报"。但吉外以创办百年名校为目标，创办者在考察哈佛等世界名校的时候发现，他们的创办人和校产已经完全没有关系了，都是捐资办学。因此，在 2006 年，创办者曾经进行了财产处置司法公证，郑重承诺学校偿还债务后的所有财产全部留给社会。吉外公益性办学的举动和理念得到了教育部、吉林省教育厅等有关部门以及社会各界的广泛认可，社会公信力和社会认可度得到极大提升。

（二）吉外完善法人治理改革的理论探索

1. 参与了民办教育法人治理政策制定和修改

在政策法规建设上，吉外提出了对《民办教育促进法》《关于进一步鼓励社会力量兴办教育的若干意见（征求意见稿)》和吉林省《关于鼓励社会力量兴办教育的若干意见（征求意见稿)》等政策或文件的修改建议。部分意见和建议得到相关部门的积极肯定或采纳。可见，吉外贯彻《高等教育法》《民办教育促进法》《国家中长期教育改革和发展规划纲要（2010－2020年)》精神，从我国民办高校独特的发展环境、发展实践和吉外办学实际出发，紧紧围绕改革试点的目标，更新教育观念，推进体制机制创新，在顶层设计、制度设计、文化设计和完善治理结构、建章立制、改善发展环境、人才培养等方面进行了深入的研究和广泛的实践，探索和构建"非营利性民办高校典型办学模式"，已初步形成与现阶段我国国情和民办高等教育发展基本适应的非营利性民办高校治理结构。

2. 提出了民办学校的分类标准

吉外一直秉持如下观点："是否把扣除办学成本之后的净收入分配给机构成员，是区分营利性与非营利性高校的最基本标准。"由此，提出非营利性民办高校应具备以下特征：一是学校的财务会计制度符合国家有关规定；二是学校举办者以学校法人的身份注册登记，依法设立民办高校，符合国家法律规定；三是建立民办学校法人治理结构；四是学校法人产权独立和完整。

（三）吉外治理结构改革的实践探索

吉外自启动非营利性办学试点工作以来，着手进行法人治理结构改革。目前主要建设成果如下：

1. 完善内部治理结构

增设新的治理组织机构。一是成立了学校的最高监督机构—监事会，为形成有效的内部监督制约机制提供保障。二是成立了财务工作委员会，建立和完善了财务会计与资产管理，为保障经费安全和效益提供保障。三是成立了学生代表大会，以保障学生参与大学治理的权利。四是成立了申诉仲裁委员会，为教师和学生提供相关法律援助。截至目前，吉外已经形成了包括理事会、监事会、校务委员会、党委会、教职工代表大会、学生代表大会、申诉处理委员会等在内的完备的法人治理机构。

加强原有法人治理机构的建设。一是调整理事会成员结构和人数，在 2003 年成立的理事会的基础上，遵循非营利性组织的要求，将人数由原来的 5 或 7 人，调增至 11 或 13 人。调整成员结构，实现了"成员多样化和职业身份多元化"，为进一步发挥理事会集体决策作用创造了条件。二是大力加强了教代会建设。采取进一步规范工作程序，加大督促、监察提案、意见及建议落实工作的力度等措施，使全校教职工表达意愿和诉求的渠道更加畅通，提升了全校教职工参与民主管理和监督的积极性，为进一步提升决策管理的科学性和民主性奠定了基础。

2. 完善内部治理机制

一是探索了理事会集体决策机制；二是探索了以监事会为最高监督机构的内部监督制约机制；三是加强校务委员会机制，保障校务委员会在校长领导下发挥调控指挥的作用；四是探索了各项民主议事和监督机制（其中包括教职工代表大会和学生代表大会），同时制定并完善了《学生代表大会条例》《教职工代表大会条例》等制度；五是探索民办高校党组织建设的有效工作机制，将学校党建工作与治校办学高度融合，进一步发挥了党组织的政治核心作用。此外，还建立和完善了申诉仲裁机制、退出机制等。截至目前，学校已经构建起系统的法人治理机制。

3. 突出党组织的核心地位

学校作为非营利民办高校办学模式改革试点单位，在建立现代大学制度过程中，强调党组织在法人治理结构中的重要地位，充分注重党组织功能的发挥。吉外党委始建于 2006 年。一直以来，党委以"立德树人"为根本，以"抓灵魂、抓特色、抓发展、抓安全"为工作思路，切实履行党委抓党建工作的主体责任，探索形成了符合民办高校实际的"一二三四五六"党建工作模式，即：完善一个机制，夯实两个责任，锤炼三支队伍，打造四个载体，坚守五个阵地，抓好六个紧密结合，促进了学校工作健康发展。学校建立了良好的党建工作与治校办学高度融合的工作协调机制。党委书记分别在理事会和校务会中任职，全面参与学校建设、发展与改革。保证在重大事项决策、监督、执行各环节有效发挥作用。校院两级分别建立了党建工作领导小组。党委实施了"三大工程"。即：以保证政治方向、凝聚师生员工、推动学校发展、引领校园文化、参与人事管理和服务、加强自身建设为内容的"党委政治核心工程"；以人才培养、科学研究、服务社会、文化传承、国际交流合作等为内容的"党支部战斗堡垒工程"；以思想帮扶、学业帮扶、经济困难帮扶、心理帮扶、职业生涯规划帮扶为内容的"一个党员一面旗帜"为引领的"党员先锋模范工程"。体制机制的不断完善，使党委的政治核心地位得到了巩固和加强。

4. 健全学校规章制度

构建保障公益性的制度屏障，使学校日常管理和运行更加规范，使学校管理工作逐步实现程序化、规范化、制度化。吉外立足实际，重点强化自我管理与约束机制，加强了学校层面的制度建设：一是进一步完善了《吉林外国语大学章程》《吉林外国语大学理事会章程》《吉林外国语大学监事会章程》，为学校实现内外部治理奠定了基础；二是进一步修订完善了《吉林外国语大学校务委员会工作条例》《学位评定委员会工作条例》《财务工作委员会工作条例》《申诉仲裁委员会工作条例》等 20 多个校级委员会的工作条例，为增强校级委员会运行的规范性提供了制度保障；三是不断构建和完善符合非营利性民办高校特点的财务、会计与资产管理制度，为公共财政资金的进一步投入解决好前置问题；四是全面修订了学校各处（中心、学院、研究院）相关管理制度文件，为推进学校内部法人治理结构改革完善提供了系统的制度保障。

四、完善内部治理结构的新思维

2016 年 11 月《民办教育促进法》修正案的通过，标志着吉外承担的试点改革项目完成了阶段性任务。但是，由于改革的复杂性和综合性，吉外探索法人治理结构的改革工作依然存在着一些问题。为此，吉外将继续推进大学治理结构的改革创新，为学校的持续快速健康发展提供保障。

（一）坚持非营利性办学

吉外已经初步形成了符合国家相关政策法规要求和非营利性组织特点的民办高校法人治理结构。但相对于吉外的终极目标来说，当前法人治理结构建设的效果还远远没有达到预期。其原因是多方面的。一是在借鉴国外非营利性私立大学的治理经验上存在困难。国内对世界上非营利性私立大学治理的相关研究都立足于公办大学治理的视角，对吉外提供的借鉴有限。二是在借鉴公办高校法人治理结构改革经验方面存在障碍。21 世纪以来，我国公办大学治理结构的改革开展得如火如荼，但暂时没有一所公办高校的大学治理结构改革获得广泛认可。三是改革实践的现实制约。吉外法人治理结构的改革是与学校"探索非营利性民办高校办学模式"的改革实践浑然一体的。而任何改革实践都要在"实践—理论—实践"的循环中逐步推进。因此，吉外要进一步完善章程，使学校创办者（及其代表）等有关方面依据规定的权限和程序参与学校的办学和管理；健全非营利性民办学校校内组织的各项制度。

探索建立非营利性民办高校基金会办学模式。基金会属非营利性组织，既是筹资实体，也是重要的办学主体。当前，国内许多公办高校建立了教育基金会，但绝大多数是学校内设机构，主要发挥筹资功能，没有发挥办学主体功能；而国内民办学校的办学主体是举办者，由于各种原因举办者不可能永远地担任办学主体，必须有一个可以长期存续的机构来承担学校的举办者责任。借鉴国外非营利性私立高校基金会的经验，实行基金会办学模式，从自然人和企业法人办学向基金会办学的转变，使非营利性民办学校财产的"非营利""非私有"属性在法律层面固定，有利于促进非营利性民办高校持续长远发展，提升非营利性民办学校吸纳捐赠影响力，是现阶段非营利民办高等学校办学模式创新改革的重要途径。

（二）明晰校产受捐主体

吉外于2013年12月联合发起成立的非营利性民办高校联盟，被写进2016年国务院《关于鼓励社会力量兴办教育促进民办教育健康发展的若干意见》，给予吉外引领非营利性民办高校法人治理结构改革的契机。吉外的创办人于2006年举行财产处置司法公证仪式时发表"放弃校产所有权，让学校所有资产属于社会"的声明。那么，谁将代表社会接收、管理和运行捐赠的资产呢？

受捐方不应是政府，否则学校将事实上转为公办学校；受捐方也不应该是自然人。在受捐机构不明确的前提下，捐赠资产的接收、管理和运行更是无从谈起。以往由于国家层面的相关政策法规还没有颁布，该问题显得尚不迫切。但随着新修订的《民办教育促进法》于2017年9月1日正式施行，该问题成为吉外进一步深化法人治理的重要任务和未来进行非营利民办高校法人登记必须解决的前置性问题。

（三）建立应用型院校建设支持机制

在法人治理结构中建立应用型院校建设支持机制，有利于建设从顶层设计到教学实践相贯通的应用型人才培养体系，以保障吉外应用型院校建设的推进。下一步，吉外将从以下几个方面促进应用型院校建设：一是建立学校发展规划部门，从顶层设计上推进应用型院校建设。当前，全国的民办高校中极少有建立实体性机构以推动法人治理。二是进一步完善教代会的民主决策和监督机制，引导教师代表提交应用型院校建设方面的高质量提案。三是建立应用型院校建设高校智库，吉外智库以高水平外语应用型人才培养为目标，整合全球资源，构建学校决策支持体系，为应用型外语人才培养模式的改革创新出谋划策。

第二节　夯实师资对人才培养的承载力

一、民办高校师资队伍建设的问题

由于民办高校教师社会保障体系不完善、福利比较低，致使社会保障问题没有得到很好的解决，因此民办高校师资队伍建设中既存在与公办高校不同的基本问题，也存在与公办高校相同的内涵建设问题。

（一）师资队伍存在的基本问题

民办高校师资队伍建设的基本问题主要表现在：师生比低、师资队伍基本结构不合理、师资队伍稳定性差等方面。解决了上述问题，民办高校才有实力和能力推进师资队伍向应用型院校建设。

师生比相对比较低。与公办高校相比，民办高校的师资队伍建设存在着师资总量不足的问题。尽管多数民办高校宣称本校的师生比达到了教育部合格评估的标准（1∶18），但从实际来看远远低于公办高校。从民办高校的"建校时间"与"实际师生比"的相关性来看，民办高校在其发展过程中，并未显著改善师资状况。①

师资队伍基本结构不合理。主要表现在以下几个方面：一是从学历学位上看，高学历教师的比例相对较低。教育部《关于新时期加强高等学校教师队伍建设的意见》规定，"具有研究生学历教师的比例，教学科研型高校应达到80%以上（其中，具有博士学位教师比例达到30%以上）；教学为主的本科学校应达到60%以上"。多数民办高校有较大差距。近年来，民办高校的教师学历虽然通过教师招聘或本校教师进修等各种途径得到了一定提高，但是拥有博士学位的教师比例依然较低。二是从职称上看，高级职称的教师比例仍然偏低，不利于学术研究、教学研究水平的提升。三是从专兼职教师结构上看，多数民办高校兼职教师的比例还相对较高，这显然无法满足加强内涵建设的要求。四是从学缘结构上看，民办高校教师的学缘成分简单，毕业于985和211高校的教师比例相对较低，且多是当地一般高校的毕业生，海外留学生比例小。这将不利于教学和科研活动的开展。五是从年龄结构上看，我国民办高校完全不同于公办高校"两头小中间大"的分布，特别缺少35岁以上、45岁及以下的中年骨干教师，35岁以下青年教师占比过高。"两头大中间小"是民办高校师资队伍存在的共性问题。

---

① 李光辉．民办高校师资队伍建设现状及优化［J］．浙江树人大学学报，2012（3）．

师资队伍不稳定。这是民办高校与公办高校明显不同的特征之一。保持一定的流动率，淘汰不合格教师，是民办高校的体制优势，有利于民办高校师资队伍的建设；但教师流动率（尤其是教师的主动离职率）过高，不利于师资队伍的建设。目前民办高校教师流动性较大，尤其是骨干教师的流动性明显，集中在新晋副教授、教授、毕业的博士、国外访学归国的教师等群体。由于缺乏稳定性，教师的规划目标的实现、专业建设的持续性得不到保障。

（二）应用型师资队伍建设不完善

加强应用型院校的师资队伍建设是国家对培养高水平应用型人才的内在要求，是民办教育应用型定位的需要。目前，在民办高校应用型师资队伍建设上存在着诸多不完善的问题，主要包括以下几个方面。

1. 师资结构与应用型办学定位不匹配

培养应用型人才需要双师型的师资队伍。师资结构必须与应用型的办学定位相匹配，才能促进高质量教学和科研活动的开展，保障教学改革与创新的目标的实现。但当前新建的定位为应用型的高校，无论是民办或公办高校，都存在师资结构与应用型办学定位不匹配的问题。主要表现在以下两个方面。一是学术型师资占绝大多数。多数高校刚刚将办学定位确定为应用型，原有的师资多数是研究型大学培养出来的。因此，师资结构向应用型院校转型，需要较长的时间，才能提高职业人教师在师资中的比例，形成有利于培养应用型人才的师资队伍。二是师资类型变革具有复杂性。尽管民办高校具有体制机制优势，可以引进职业人加入民办高校中，但是由于民办高等教育发展的二、三十年来，绝大多数民办高校一直处于规模化发展阶段，专业设置和师资建设与公办的学术型高校同质化严重。尤其是 2010 年以来，虽然民办高校普遍认识到了向应用型院校转型的必要性，确立了向应用型院校建设的目标，但从规模化综合化发展向应用型院校转变，是从理念到实践的系统性变革，变革的复杂性决定了这个过程的长期性。

2. 师资能力结构与应用型人才培养不适应

师资能力结构与应用型人才培养不适应，主要表现在两个方面。一是高层次人才比较少，师资的能力水平在总体上不能满足应用型人才培养提出的需要，尤其是不能满足高水平应用型人才培养的需要。应用型人才培养，需要师资具有开发应用型教材、创造性开展实践教学等方面的能力。这就要求应用型师资具备比较强的创新能力。但是从总体上来看，当前民办高校的高水平师资不断地流向公办高校或其他领域，这些人才往往是最具创造意识和创新能力的。二是师资的知识结构与应用型人才培养不适应。知识结构以及掌握程度是师资能力的基础。但当前民办高校的师资一般是从研究型高校的毕业生中引进的，缺乏从事实践的经历，知识结构偏向于理论研究，无法很好完成应用型人才培养的使命。

3. 教师角色定位与应用型人才培养不一致

应用型人才培养要求教师的角色定位与传统教师有所不同，教师要从传统课堂中的知识传授的主体，转变为兴趣激发者、学习引导者和平等参与者。[①] 一是注重培养激发学生的学习兴趣。比如学习外语，它和学习母语之间两者有着本质的差别，同时也是一项持续的、艰巨的任务，只有培养和激发起学生对外语学习的兴趣，才能使学生在外语学习上学得到位、用得更好。因此，外语教师不能把学生看成简单的认知体，而是要了解学生的个体差异和心理状态，最大限度激发学生的潜力和创造力；重视在教学内容和方法以及教学组织等方面有所创新，引导

---

① 王冉．高校外语教学改革中教师角色的转变［J］．教育与职业，2016（18）．

学生积极思考，同时创造一种最佳语言环境和心理环境，从而既利于学生学习又激发学生学习外语的兴趣，最后达到提高学生学习效率的效果。二是注重引导和组织学生。应用型外语人才培养，要培养学生应用外语工具进行交际和解决问题的能力，也就是要注重"授人以渔"，注重培养学生的能力和素质，传授学生学习外语的方法。教师在向学生传授知识的同时，特别要注意培养学生的创新精神和主动应用知识的技能。三是教师要成为教学活动的平等参与者。应用型高等外语教育应该与学生进行平等对话，并且要以语言学习者为中心。这样不仅体现教育自身的存在和本质，同时也提供了真实的语境，便于发展学生的综合语言运用能力。教师成为教学活动的平等参与者，从传统的传递知识的权威者转变为学生学习的辅导者。

4. 高水平师资数量与应用型人才培养不相称

如前所述，应用型人才既需要高水平的学术型师资，也需要高水平的应用型师资，原因如下：一是高水平师资可以更好地开发应用型课程，能够启发学生增强动手能力；二是高水平师资具有更广泛的学术和社会资源，能够促进学生专业学习与应用并举。因此，高水平人才的引进是应用型院校建设的内在要求和必然趋势。但从全国来看，应用型定位的高校，一般为新建院校或者民办高校，高水平人才储备与应用型院校建设目标还有较大差距。一些学校虽建立了研究机构、协同创新中心、高校创新智库等平台，但还缺少自身的领军人物，鲜有应用型高校有长江学者、国家杰青等优秀人才，以及高层次海外人才、高水平外国专家、行业企业专家等。因此，需采取措施提高高水平人才的数量和比例，以促进师资队伍向应用型院校建设。对吉外而言，建设高水平应用型外国语大学，更具有紧迫性。这主要表现在：一是吉外引领国家非营利民办大学应用型院校建设的需要；二是新修订《民办教育促进法》

实施的背景下，促进吉外持续、快速和健康发展的需要；三是追求卓越、追求百年的办学目标的要求；四是语言科技发展和"一带一路"语言文化协同创新的需要。

二、师资队伍建设的举措

吉外根据应用型办学定位及建设高水平应用型外国语大学的目标，科学制订了"十二五"和"十三五"师资队伍建设发展规划。

（一）改善教师待遇，稳定教师队伍

为提高师生比，吉外在师资队伍建设方面贯彻"待遇留人""事业留人"和"文化留人"的方针，在严格遵循《中华人民共和国民办教育促进法》规定的给予教职工缴纳"五险一金"待遇的基础上，采取了以下措施来推进师资队伍建设：

1. 提高教师工资水平

自 1995 年建校以来，吉外的工资水平始终在全省民办高校中保持领先地位，尤其是 2011 年以来连续 8 年提高教师工资，且基本工资待遇向专任教师、辅导员倾斜。这对全省乃至全国的求职人员形成了比较强的吸引力。

2. 率先为教师缴纳"补充养老保险"

该项政策在民办高校教师法人身份和社会保障水平低的问题难于解决的情况下，为吉外稳定师资和引进高水平科研人才打下了坚实的基础。

3. 各项福利待遇不断提高

吉外在严格遵守国家和政府有关规定保护员工的各项权利之外，还不断提高教师的各项福利：一是解决教师的住房问题，为老教授提供专家公寓，为普通教师提供优惠住房，为青年教职工提供单身宿舍；二是

在子女入托、入学方面提供资源和帮助，解决教师的后顾之忧；三是面向全校教职工发放采暖补贴；四是每年为教职工免费进行体检，同时教职工家属（不限人数和是否直系亲属）也享受市场价格 1/3 的体检待遇。此外，逢年过节还为教师发放节日礼物或礼金等。

以上措施极大地提升了广大教师对学校的归属感，促进了教师队伍稳定性，增强了对省内外教师的吸引力，学校中年骨干教师的比例大幅提高。

（二）关心教师发展，促进能力提升

积极促进教师专业发展。加强对青年教师的职业生涯规划指导，有利于形成稳定性高、素质高的教师队伍。为此，吉外采取多种办法，扎实推进"人才战略工程"，积极促进教师专业发展。一是创造良好的专业技术职称晋升环境。学校争取到了与公办高校同等的专业技术职务评定自主权，完善《专业技术职务评聘管理办法》，激励教师坚守职业道德，潜心钻研业务，提升教学、科研水平。二是大力提升教师学历层次。鼓励青年教师攻读博士学位，实施"百名博士工程"，为青年教师创造良好的条件。三是建立青年教师指导长效机制。吉外为每一位青年教师制定了《职业发展规划》，充分发挥专业带头人的"传、帮、带"作用，落实专业带头人的导师责任，真正做到"一对一"全面指导，坚持以导师为首的集体备课制度，开展教学研究，帮助指导青年教师专业发展。学校还加大对专业带头人指导工作的督查和奖惩力度，定期开展评价反馈。四是开拓青年教师出国留学访学进修途径。为了给青年教师提供更多的学习机会，提升青年教师专业能力，学校积极争取国家留学基金委项目和吉林省教育厅的外派学习名额，每年选派 5 名左右优秀青年教师进修学习；依托国家留学基金委青年骨干教师出国研修项目，每年有计划地派出 10 人以上优秀教师出境学习。同时，加强与国内外高水平大学的联系，建立教师培养合作关系，每年选派 10 名以上优秀青年教师进修学习。五是加强人文关怀。给教职工提供良好的物质生活和精神生活条件，例如：学校共开通了 7 线班车，全市范围内免费接送教职工上下班；为方便师生购物等需求，学校为居住校内的教师提供周末购物班车；向教师发放生日贺卡、蛋糕券、面条券等；教师结婚等庆典，学校派专人向教师表示祝贺，并代表学校赠送礼金。积极开展丰富多彩的文体活动，促进教职工身心健康水平的提升和课余生活的丰富，例如举办趣味体育运动会、瑜伽教学、游泳、春游等活动，在现有体育馆的基础上，增建专门的教职工文体活动场所。

（三）优化师资基本结构，强化师资力量

加强顶层设计。学校持续推进落实"人才战略工程"，充分发挥二级学院在师资队伍建设中的主体作用，增强队伍建设的结构意识和稳定意识，在实施"华外名师""华外英才""华外优青"基础上，有针对性地制订科学合理新一轮的"吉外卓越人才"培育计划及"吉外学者"岗位计划，加大吉外领军学者、吉外杰出学者、吉外学术骨干、吉外讲座教授的引进力度，解决中年骨干教师不足问题，形成校院合力，改善教师队伍年龄结构。

加大引进力度。吉外不断完善人才引进制度，充分利用民办学校灵活的人才柔性引进政策，大力引进中年骨干教师。根据学科专业建设需要，尤其是新办专业、小语种专业的建设需要，重点引进国内外有影响的学科带头人和专业带头人，为他们搭建广阔的教学和科研平台，提供优厚的待遇，创造宽松的环境以及舒适的生活条件。

发挥兼职教师作用。通过提供宽松的空间、灵活的时间、个性化任务和相适应的待遇和条件，聘任高水平兼职教师充实师资队伍，特别是聘请行业企业高水平职业人来校任教，改善双师型教师比例偏小的问

225

题，推进应用型师资队伍的建设。

加强自有教师队伍建设。吉外以建设岗位层级管理为切入点，以完善人才激励约束机制为导向，以构建人才高地为落脚点，坚持事业留人、感情留人、待遇留人政策，积极为教师搭建事业发展平台。始终注重自有教师队伍建设，逐步建立起了三个体系。一是建立公平、公正、公开的人尽其才、才尽其用的人才管理体系，实现按需设岗、岗岗有责、人岗相适、岗变薪变、跟踪管理、优进劣汰的动态用人机制。二是建立一整套以学生为中心的教学科研考核体系（不唯论文、证书为标准），实施"一课一名师"、打造金课，引导教师讲好课、多出对学科发展有价值的成果。三是建立以院系领导联系教师的思想政治工作体系，建立不同层级、职级与其对应的院系领导保持联系的信息通道，定期开展各种联谊会、座谈会、家访，使教师心中有学校、学校心中有教师，架设起学校与教师心灵沟通、事业生活交流的"情感立交桥"。

优化师资结构。一是注重师资类型的多元化。应用型人才培养，既需要学术研究师资，以提高师资队伍的水平，促进学生掌握专业核心理论知识；也需要优秀的行业师资，以培养学生的实践能力。因此，吉外既注重招收高水平的应用型师资，也注重招收高水平的学术研究型师资。二是注重丰富教师的学缘成分。在坚持省内师资以招收吉林大学、东北师范大学毕业生为主的前提下，在全国甚至海内外招收高水平师资，在保证师资质量的前提下，丰富学缘。三是注重招聘外籍教师文化背景的多元化。吉外现有 15 个小语种专业，各个语种均聘有外籍教师，促进了学校的语言文化交流，提升了学校的外语教学质量。四是注意发挥吉林省作为边境省份和东北亚经济文化交流中心，"跨境民族"类型人才较多的优势，积极引进朝鲜族、蒙古族、俄罗斯族教师，尤其是以少数民族语言为母语的教师。

（四）完善相关政策，大力提高教师的水平

充分利用政策优惠引进高水平人才。吉外制定了"十三五"教育事业发展规划，紧紧抓住吉林省"高教强省"战略契机，全面贯彻落实《吉林省鼓励和支持高等学校引进高端人才实施办法（暂行）》。利用我省的"长白山学者""长白山讲座教授"等人才政策，引进学术扎实，并且有突出创新能力的优秀学术带头人。

吸引高层次优秀人才，同时完善人才引进机制。吉外进一步完善《引进高层次人才管理办法》，重点解决好三个问题：一要优先解决急需领域的高层次人才，首先考虑向新兴交叉学科和优势特色学科专业倾斜；二要明确人才引进标准和待遇，加大资源投入，为他们解决好住房、办公条件并从科研经费上给予支持，加大引进力度；三要建立人才引进绿色通道，完善考核、激励等相应配套措施，简化高层次人才引进流程。

提高行业教师的比例，增加"双师型"人才。推行教师挂职锻炼制度，培养"双师型"教师。在引进行业专家之外，吉外采取措施增加行业经历教师的人数。主要措施如下：一是赴事业单位挂职锻炼。选派优秀骨干赴教育部、教育厅、市团委等教育行政部门进行挂职锻炼，以增进教师对行业的熟悉程度；二是去企业单位挂职锻炼，每年寒暑假选派一定数量人员赴相关企业和用人单位进行挂职锻炼。挂职人员的数量和比例逐年提升。

拓宽国际合作渠道，提高师资队伍国际化水平。积极开展与校外学者多方位、实质性的合作，形成一支"专兼外"相结合、特色突出、持续开放和有序流动的高水平教师队伍，发挥知名专家和学者的优势，带动学科发展和学术水平的提高。继续推进同美国新泽西城市大学、俄罗斯乌拉尔国立师范大学、澳大利亚西悉尼大学、新加坡南洋理工大学、美国休斯敦大学、美国夏威夷大学等国外高校合作，加强学术交流。通过充分利用国内外人才资源，提高学校师资队伍整体实力。

（五）采取各种措施增强教师的应用型教学能力

1. 多措并举

组织保障，成立教师教学发展中心。为增强教师的专业水平和教学能力，2014 年学校设立了教师教学发展中心，同时组建了教师教学发展中心指导委员会，由校领导、教学管理专家和教师组成。教师教学发展中心秉承"挖掘潜能、人人发展"的理念，开展培养培训、交流研讨、教改研究、教学咨询、资源共享。2015 年 11 月，吉外教师教学发展中心获批为吉林省高等学校教师教学发展示范中心建设单位。在实施过程中，构建了"战略引领、分类分层、多种形式、资源共享"的教师培养培训模式。

战略引领，实施"人才战略工程"。2015 年起，学校开始实施"人才战略工程"，制定了《"吉外名师"特聘教授聘任办法》《"吉外英才"特支计划实施办法》《"吉外优青"中青年骨干教师培养计划实施办法》。这项战略工程为中青年教师的成长、成才搭建了职业发展的平台。近三年，重点选拔与培养了 32 名优秀青年教师，覆盖全部二级学院；先后得到学校各种人才项目支持 124 人次。

分类分层，建立培养体系。一是新入职教师培训，建立专项培训制度，实行青年教师导师制，发挥优秀教师及老教师的"传、帮、带"作用，对每位新入职青年教师从师德、教学、科研等方面进行指导，并定期进行跟踪考核；二是为促进青年教师学历提升，制定了《教职工读研学习的暂行规定》；三是为促进中青年骨干教师进修，制定了《中青年骨干教师国内外访学、进修管理办法》；四是为规范"双师型"教师培训，制定了《"双师双能型"教师认定培养与管理办法》《专业教师到行业企业挂职锻炼实施办法》。近三年，攻读博士学位 50 人；进修、访学和参会交流共 292 人，其中海外进修、访学 63 人。

多种形式，开展教师培训。一是开展校院二级专题培训讲座，为教师全面发展提供学习平台；二是开展教师说课活动，为教师提供相互学习和交流的平台；三是开展优秀教师的公开课，发挥优秀教师的模范带头作用，提高新手教师课堂管理能力；四是举办青年教师教学技能大赛，增加教师之间的业务交流，促进教学质量提高；五是开展网络课程培训，利用全国优质网络教学资源，服务教师专业发展。

资源共享，搭建交流平台。为促进教师自我学习、自我提升，学校为教师提供了教学研究资源支持。在校内网络平台展示精品课程、大赛获奖课程、公开视频课程、慕课和微课等资源，推广优秀教学成果，分享专题培训课件，发布教学研究与改革论文。这些教学资源为提高教师的教学能力提供了有益的学习参考。

2. 制定师资队伍整体发展规划

一是设立各个学科专业带头人，注重教师的培养和引进，建设高层次应用型人才队伍；二是培养教师国际化，注重国际交流与合作力度，提高本校师资队伍的国际化程度；三是培养一批技术过硬的青年骨干教师，注重培养中青年骨干教师，促进不同层次的教师队伍可持续发展。四是开展青年教师职业生涯指导。学校制定了《青年教师职业生涯规划实施办法》，聘请专家为新入职青年教师开展自我认知、职业认知等专题培训；要求各学院院长和青年教师导师发挥作用，帮助青年教师明确职业发展目标和工作职责，制定个人职业发展规划，实现教师成长与学校发展"双赢"。

3. 实施青年教师"教学新星"培养计划

根据学校办学要求和青年教师成长规律，分三个阶段实施。第一阶段，开展"融入吉外"教育。帮助新入职青年教师了解学校的历史、文化和制度，理解学校的应用型办学理念和办学特色，促进新入职青年教师融入学校，与学校同成长、共进步。第二阶段，开展"站稳讲台"培训。帮助青年教师提高教学理论水平，掌握教育教学规律，了解学生的学习心理状况，掌握课堂教学方法和教学手段，成为学生认可的老师。第三阶段，开展"站好讲台"培养。帮助青年教师提高专业能力，拓展专业知识深度和知识运用的广度，成为学生欢迎的好老师。开展教学咨询与服务活动。建立教师发展咨询与服务体系，设立教师发展咨询室，为教师成长发展搭建线下、线上的咨询空间和平台。教师可以根据自身发展，通过网上申请的方式，向教师教学发展中心提出需求，中心为提出申请的教师确定咨询专家，提供"一对一"的咨询和服务，帮助青年教师解答工作中的疑惑，促进青年教师成长。

（六）建立奖惩机制

创新分配机制。吉外近年来着手进行分配制度的创新。一是将应用型改革和教师的年终考核等级和年终绩效工资挂钩，完成和参与应用型教学改革，有利于提高考核等级和年终绩效工资额度。二是学校已经着手设计应用型教改与教授分级制度相关联的分配制度。2017 年起，吉林省给予吉外二级教授、三级教授和各级别副教授的评审权，所给予的名额将随着学校的发展不断增多。获评二级教授、三级教授的教师，将在工资和退休金等方面享受更好的待遇。

建立激励机制。一是逐步建立起重实绩、重贡献、向高层次人才和重点岗位倾斜的分配激励机制，为吸引和稳定优秀人才，调动教师积极性、创造性发挥重要作用。二是设立人才工作专项资金，加大人才投入力度，确保各项人才计划配套经费的落实。三是不断完善博士特殊津贴制度，对博士人才引进机制给予重点支持。四是改善教师工作条件，加大对优秀教师奖励的力度，拓展教师职业发展空间。

完善约束机制。灵活的用人机制，是现阶段民办高校发展最重要的机制优势。适当运用约束机制，有利于形成"鲶鱼效应"，促进教职工的教育教学工作不断进步。对于年度考核不合格的教师和校教学督导组在教学督导工作中认为不合格的教师，经学院指导培养后仍被认定为不适合工作岗位的，吉外将予以解聘或者转岗。

三、师资队伍建设的成效

（一）师资队伍结构更加合理

师资队伍的职称结构趋向合理。在专职教师队伍中高级职称的教师为 329 人（其中正高级 142 人，副高级 187 人），占教师总数的 55%，居于全国民办高校中的领先地位。近三年，学校高级职称教师占比提高了 4.6%。以教育专业为例，截至 2018 年底有 32 名教师，其中，正高级人数为 15 人，副高级为 8 人。硕士研究生导师人数为 20 人，占专业教师总人数的 62.5%；博导人数为 6 人，占专业教师总人数的 18.8%。

专任教师的比例得到提高。吉外专任教师的占比不断提升，生师比不断下降。截至 2018 年底，吉外具有专任教师 598 人（中国籍全职教师 413 人，外籍教师 40 人，签有两年以上合同的外聘教师 145 人），短期外聘教师 78 人。在校学生数为 10808 人，生师比为 16.97:1。

高学历高学位教师人数增多。在专任教师队伍中，博士学位教师为 150 人，占教师总数的 25.0%；硕士学位教师为 395 人，占教师总数的 66.1%。近三年，具有博士学历学位的教师占比提高 11.7%。

师资队伍年龄结构趋向合理。截至 2018 年底，35 岁以下青年教师共有 216 人，占教师总数的 36.1%。36-45 岁中教师共有 217 人，占教师总数的 36.3%。中青年教师对于学校的发展起着关键作用，是学校的中流砥柱，且人数在迅速成长。这彻底改变了民办高校教师"两头大，中间小"的哑铃型不合理结构，形成类似公办高校"两头小、中间大"有利于学校稳定发展的橄榄型年龄结构。

（二）教师队伍水平得到提高

目前吉外已经形成了具有"专、兼、外"相结合特色的教师队伍，教师队伍整体水平得到较大提高。

专任教师中高水平专家增多。吉外现有国务院政府特殊津贴获得者7人，吉林省高级专家、长白山学者讲座教授、长白山技能名师、吉林省有突出贡献，中青年专业技术人才、吉林省拔尖创新人才18人，吉林省教学名师5人，吉林省新世纪人文社科优秀人才1人，吉林省教学新秀1人。其中一些专任教师兼任全国翻译专业学位研究生教育指导委员会委员、全国翻译硕士专业学位教育指导委员会委员兼副秘书长、中国翻译协会副会长、中国非通用语教学研究会会长、国际高校翻译学院联合会委员、中国教育学会学术委员会委员、中国社会科学院拉美所副所长等。

兼任教师中高水平专家学者增多。吉外充分发挥机制优势，从国内引进知名专家学者为学科专业带头人，从国内外引进高级别的兼职专家学者，聘请多位知名学者专家为学校讲座教授。目前已经引进来自澳大利亚悉尼大学、美国夏威夷大学、美国南伊利诺伊大学、北京语言大学、北京第二外国语大学、东北师范大学、吉林大学等国内外高校的知名学者多位。吉外在近三年中共引进专家学者42人。这些兼职专家学者的引入，极大地充实了吉外的师资力量，有效促进了学校应用型教育教学改革水平和质量的提升。

外语教师国际化程度提高。吉外不断提高外籍教师和有境外经历的教师比例。现有全职外籍教师50名，全部承担本科口语类核心课程。

从 2004 年以来，共有 27 名外籍教师获得吉林省优秀外国专家称号。除外籍教师外，具有三个月以上境外学习经历的教师为 185 人，占教师总数的 33.3%，日语、韩语、法语等部分外语类专业教师有境外经历者达 100%。

教学团队建设得到加强。学校充分重视教学团队建设，紧紧抓住"引进人才、培养人才、用好人才"三个关键环节，以重点学科、特色专业、优秀教学团队建设为依托，以学科带头人为核心，围绕重点方向和重大项目凝聚学术队伍，大力推进教学团队建设。具体做法有：建立和创新团队合作机制，定期开展优秀教学团队选拔工作，鼓励教师参与团队建设，以项目建设的形式投入建设资金，鼓励广大教师增强教学团队意识，改革教学内容和方法，开发教学资源，促进教学研讨和教学经验交流。学校现有省级优秀教学团队 11 个，校级优秀教学团队 37 个。

教学效果不断提升。近三年，学生评教优秀率保持在 95% 以上，教学督导组对 90% 以上授课教师的教学效果给予了肯定评价。部分教师业务能力突出，获得教学竞赛全国第二届高校教师（本科）微课教学大赛（吉林省）特等奖等奖励近百项。

教学科研成果丰富。近三年，吉外取得各级各类教学科研成果累计 233 项，发表教学科研论文共计 2562 篇，提交的服务地方经济社会发展的咨询报告 20 余篇。2017 年，学校首个国际科研项目实现重大突破，与悉尼科技大学杨径青教授研究团队就专业学位（博士）教育评价标准等课题开展合作研究，签订了合作研究框架协议，并于 2017 年初颁布了专业（博士）学位教育评价标准咨询报告，该项研究填补了国内空白。此外，获国家级教学成果二等奖 1 项，省级教学成果奖 11 项，获省部级及以上科研奖 22 项。

第三节　构建应用型人才培养的质量保障机制

一、影响和制约民办高校人才培养质量的因素

由于历史的原因，中国民办教育还处在粗放式发展阶段，其特征主要表现在以下四个方面。一是资金来源渠道单一，内涵发展不充分。民办院校资金主要来源于学费，只有一少部分是社会捐赠和政府支持，可用于内涵发展的资金比公立院校少得多，长期低成本运行在一定程度上影响了人才培养质量持续提高。二是办学规模扩大迅速，办学水平在低层次上徘徊。中国民办高等教育是伴随着高考扩招迅速发展起来的，又伴随着中国经济对应用型人才培养的需要迅速壮大，然而，由于利益的驱使，民办教育还存在着根据社会需要扩大人才培养规模的做法，不能完全做到质量第一。三是师资力量薄弱，教育教学水平低。从教学任务上看，民办高校教师的周课时量远远高于公立院校，课堂教学质量得不到时间上的保障。从结构上说，民办高校的师资结构普遍存在"两头大、中间小"的特点。青年教师比例偏大，教学经验不足、能力偏低，而能力较强和经验丰富的退休教师在教学精力投入上不占优势。加之民办高校教师的流动性大，影响和制约着教育教学水平和质量的提高。四是生源质量相对较低，教学难度大。中国民办高校发展历史较短，社会声誉度相对偏低，学费又偏高，对优秀学生的吸引力不大，招生对象多集中在二本及以下，培养难度相对较大，需要学校投入更多的精力才能取得一定的教学效果。

从以上四点可以看出，民办高校还存在着诸多影响和制约人才培养

质量的因素，这些因素起作用的直接结果就是教学质量难以保障。而教学质量是民办院校生存和发展的生命线，没有教学质量就没有好的社会声誉，就没有优质生源，生源质量又反过来影响教育质量，因此，民办院校很容易陷入困境。在诸多挑战中，民办本科院校只有建立起完备的教学质量保障体系，实现教学质量规范化管理，才有助于教学质量的提高，引领学校走入内涵式上行发展道路。

二、完善质量保障制度

（一）质量评价标准

建立质量评价标准体系是质量管理的核心。教学质量标准是指为达到人才培养目标和规格而制定的相应的关于教与学等方面的质量规定。

没有质量标准，教学运行就缺少依据，无法正常实施。教学质量监控和评价也缺乏依据。有学者提出教学质量标准体系一般由教学质量目标管理标准、教学资源管理标准、教学过程管理标准、教学质量评价标准四个部分构成。

教学质量目标管理标准。教学质量目标管理的质量标准是与教学目标相对应的，是教学管理目标的分解和阐述。这个体系可以包括人才培养目标的质量标准、专业教学质量标准等。

教学资源管理标准。教学资源管理的质量标准是与教学资源相对应的。教学资源包括教学经费、教学设施、专业设置与培养方案、课程资源、社会资源等要素。学校可以根据教学实际制定相应的质量标准，如专业设置标准、课程建设标准等。

教学过程管理标准。教学过程管理的质量标准是与教学过程相关的，是对教学工作各主要环节的质量的规定，是对专业发展目标的精确理解和诠释。教学过程质量标准可以包括课堂教学质量标准、实验教学质量标准、专业实习质量标准、毕业论文（设计）质量标准、考试考核质量标准等。

教学质量评价标准。教学质量评价标准就是依据教学质量监控制度进行测量和判定教学目标实现程度的方法与指标。在各类教学质量评价指标的内涵中都阐述了质量评价的标准，这些评价标准既是评价测量的依据，也是教学工作的依据。

高校教学自我评价是质量管理的重要手段，通过教学质量评价活动，为教学决策提供信息和依据，进而达到改进、提高的目的。高校自我评价具有主体性和独立性、过程性和发展性、广泛性和深入性、真实性和灵活性的特点。因此，教学质量评价既要关注结果评价，也要重视过程评价，过程评价的作用要比只关心结果的终结性评价更重要，评价的形式既可以是综合性的评价，也可以是对某个专项的评价。教学质量评价体系既包括对教学各主要环节的质量的评价指标体系，如常规的评教、评学、评管指标，也包括一些专项的、具有学校特色的评价指标。吉外根据复合型和应用型外语类人才培养的实际，除了学生评教、教师评学、对二级学院教学质量管理的评价之外，还建立了实践教学质量评价指标、外籍教师教学质量评价指标、专业建设质量评价指标、课程建设质量评价指标、学生学习效果评价指标、应届毕业生对人才培养质量的评价指标和社会用人单位评价指标等，形成了多维度、多层面、立体化的教学质量评价体系结构和特点，即综合评价与专项评价相结合、校内评价与校外评价相结合。

（二）质量监控制度

建立校、院两级教学督导制度。教学督导是高校内部针对教学质量管理体系的一个重要手段，在保障教学质量方面起着不可替代的作用。因此，高校要打造一支高素质、高效能的教学督导员队伍，涵盖校级教学督导员队伍和二级学院教学督导员队伍，在全校范围内实施校、院两级教学督导模式。校级教学督导组成员由校长聘任，成员的构成是：专兼结合，中外结合。"专兼结合"指校内专职教授和校外聘请的专家；"中外结合"指中国籍教授和外国籍教师。吉外作为一所外国语大学，这样的教学督导员队伍的组合符合学校开放办学的理念，符合学校培养复合型、应用型、外向型外语类人才的培养目标的要求。校内教学督导组成员都是由承担一定教学任务的教授组成，因其并不脱离教学，所以对学校的教学理念和教学实际有较深刻的认识和体验，从而可以与被听课教师及时沟通。外籍教师教学督导员，既督导外教的课，又督导中国教师的课，这种国际化的多元视角有利于中外籍教师教学的融合。学校下设的二级学院成立教学督导组，主要由学院教学管理人员和骨干教师担任。校教学督导组与二级学院教学督导组不是领导和被领导的关系，在工作中相互联系、相互沟通。教学督导员除了课堂听课之外，还参与试卷和毕业论文质量的检查，对专业人才培养方案、课程教学大纲、学校的教学管理、教学决策等也可提出意见和建议。

建立学生信息员和学生评教制度。学校贯彻"以生为本"的理念应充分体现在质量管理上。学生是学习的主人，是学校的主体。学校一切教育教学活动都是围绕着学生发展进行的。在被服务的同时，学生也是学校质量管理的参与者。学生参与管理的方式可以灵活多样。一是建立学生信息员制度。在全校各个班级都设学生信息员，定期或不定期反馈教学质量信息。学生信息员是全班学生的代表，要收集学生对课程教学质量的反馈意见，经过梳理，将具有共性的信息反馈给相关的质量管理部门，同时也要经常与任课教师交流沟通。二是学生参与评教。评教包括学期末终结性的学生评教和期中过程性的学生评教。三是通过召开学生座谈会反馈意见和建议。学生参与质量管理还可以有其他形式，如吉外成立了学代会，为学生参与学校管理搭建了平台。另外，学校每年还开展应届毕业生对学校人才培养质量的评价。

建立教师参与质量管理的机制。教师在学校中似乎是被监控的对象，学生要对其教学质量进行评价，教学督导员要对其课堂教学情况进行督导检查和评价。但教师也是大学教育的利益相关者，有提高教学质量的愿望和需求，所以必须是质量管理的参与者。教师参与质量管理的方式也比较多。一是教师评学，教师依据"任课教师评学指标"，对所教班级的学生的课业水平进行评价，以加强学校的学风建设；二是建立教师教学管理监督员制度，每一个专业设立一个监督员，收集教师关于教学管理方面的意见和建议，并反馈给学校和相关的学院；三是召开教师座谈会，听取教师对教学管理的意见建议。

三、打造质量保障模式

（一）采取"两条主线"并行的质量保障模式

质量保障组织结构如图6-1所示。教务处和教学质量评价处分别是"教学运行管理一条线"和"质量监控评价一条线"的牵头部门。教务处通过定期召开教学工作会议，落实教学工作安排与任务；通过开展期初、期中、期末教学检查，督促各项教学任务的实施与落实，保证日常教学的运行。教学质量评价处通过教学督导、学生信息反馈、教学质量评价等途径收集教学质量信息，对信息进行梳理、分析，撰写质量信息分析报告，对质量问题进行分类处理，根据问题的性质反馈给校领导、教学管理部门、相关单位及个人，相关的部门、单位负责督促落实改进，以达到调控教学、提高质量的目的。

"教学运行管理一条线"通过对教学运行过程的检查和监督，确保教学工作落到实处，重点包括教和学两个方面的活动。教务处依据学校

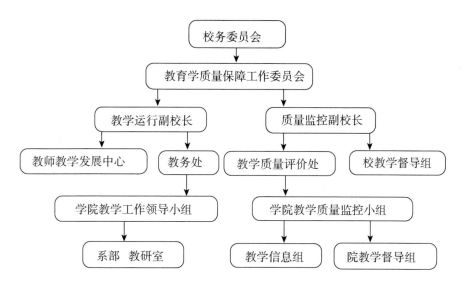

图 6-1 质量保障组织结构

的办学定位和特色，组织制定专业人才培养方案、课程教学大纲，依据人才培养目标建立教学质量标准体系，包括专业建设质量标准、课堂教学质量标准、课程建设质量标准、试卷质量标准、毕业论文（设计）质量标准、实验实训质量标准、专业实习质量标准、专业社团活动质量标准等。并依据这些标准，实施教学过程管理。学生工作部门从学风建设入手，以学生发展为本，帮助学生完成学业。

"质量监控评价一条线"通过检查教学过程、评价教学效果等方式监控人才培养过程的各个环节、各个要素，开展教学督导、质量评价、数据监测、信息反馈、跟踪改进等质量监控和保障活动。在教学督导中主要采取了集中专项督导、动态跟踪督导、校院两级联动督导等模式，坚持"督""导"结合。校教学督导组还对专业人才培养方案、课程教学大纲、新开课程的质量等进行专项调研、监控。二级学院建立和完善教学各主要环节的质量标准和相关的制度、工作程序，对日常教学工作和教学主要环节实施质量监控，如课堂教学质量监控，期末考试试卷、毕业论文质量的专项检查，对专业实习、第二课堂活动等实践教学质量的监控等，使二级学院教学管理逐渐向制度化、程序化和规范化迈进，提高了教学管理的效率和效果。

（二）校、院两级保障闭环模式

进入 21 世纪，我国高等教育经历了规模发展之后，进入了内涵发展时期，提高质量成为高校发展的根本任务。为此，学校应建立质量保障的长效机制，即学校内部质量保障体系。高校质量保障体系建设的理论基础是全面质量管理，即构建以专职机构、人员为基础，由培养目标、质量标准、信息收集、状态评价、信息反馈、调控改进六个环节构成的内部质量保障体系，形成闭环控制系统。我国高校质量保障体系建设方面的研究与实践历史并不是很长，全面质量管理在实行过程中常常会遇到很多实际问题和困难，因此，成型有效的质量管理模式并不是很多，尤其是新建本科院校，更是由于本科教育的历史比较短，在内部教学质量保障体系建设方面还相对比较薄弱。作为新建本科院校，吉外自 2010 年本科合格评估之后，致力于内部教学质量保障体系建设，提出了校、院两级"双闭环"交叉运行的质量管理模式，丰富和发展了质量保障的内涵。

校级"大闭环"质量保障模式由决策系统、执行系统、监控系统、反馈系统和改进系统构成，形成了从教学决策到教学运行，再到质量监控评价、信息梳理分析和反馈，最终达到调控教学、提高质量的闭环。校级质量保障闭环运行以《教学质量监控与评价文件汇编》中的规章制度为依据，由以校长为首，教学质量保障工作委员会进行决策部署，教学质量评价处实施监控和反馈，教务处和各学院对于评价处等反馈的信息研究对策、改进提高。评价处对于教学质量改进的结果进行监督和评价。

　　院级"小闭环"质量保障模式由目标系统、标准体系、监控系统、分析利用系统和改进系统构成，形成了从培养目标制定到标准建立，再到质量监控、结果利用、落实改进的闭环。院级闭环以学院的《教学质量保障文件汇编》中的规定、办法和标准为依据，由质量管理小组决策任务，实施管理，教学督导组和信息组监控教学过程、反馈信息，专业咨询委员会和院督导组进行跟踪反馈、指导帮带，教研室和教学小组进行改进和提高。"大闭环"是整个学校的质量保障模式，引领"小闭环"运行；"小闭环"既参与"大闭环"的运行，又相对独立地运行（见图6－2）。两个闭环的相交点主要在于教学任务的执行和教学质量的改进环节。"大闭环"中的质量监控结果通过反馈系统传递给二级学院，进入"小闭环"体系的运行中，实现了两个闭环的有效对接，提升了质量保障体系运行的有效度。

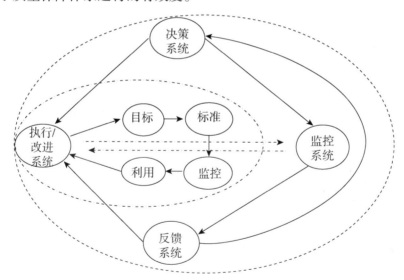

图6－2　"双闭环"教学质量保障模式

（三）"3＋x" 质量评价模式

采取 "3＋x" 的校内自我评价模式，即在评教、评学、评管基础上，开展专业建设、课程建设等专项性的评价，形成校内评价与校外评价相补充、综合评价与专项评价相结合的教学质量评价体系，使教学质量评价制度化、常态化，为校、院两级部门调整教学决策、改进教学质量提供参考数据。一是常态化开展综合评价。每学期期末开展学生评教、教师评学；每学年第二学期开展应届毕业生对人才培养质量的评价；每年末，由人事部门组织对二级学院教学管理进行综合评价。通过综合性评估，系统掌握各单位的教学特点和教师的教学水平，有利于优化学科专业结构和人才队伍建设。二是有针对性地组织专项评价。专项评价是为了突出重点关注内容而进行的质量监控手段。由专家组和教学单位组织实施，主要包括专业评价、课程评价、外籍教师教学质量评价、实践教学质量评价、社团活动质量评价、学生学习状态评价、试卷和论文抽评等。评价使专业建设、课程建设、课堂教学、实践教学、教学管理等教学环节中的短板暴露出来，便于行政部门和教学单位重点扶持、建设和整改。专项评价是对综合性评价的补充和强化，有利于全面提高教育教学质量保障水平，促进教育教学高水平高质量发展。

四、提升质量监控效度

（一）教学质量的监控及信息获取

教学质量的监控及信息获取可以通过以下方式：课堂教学督导、教学自我评价、学生信息员座谈会、学生座谈会、教师座谈会等。

课堂教学督导的方式。教学督导制度是高校内部监控教学质量体系的一个重要内容，它关乎学生、教师与大学的发展。高校教学督导工作的任务是建设一支高素质、高效能、高水平的教学督导员队伍，加强统筹管理，探索科学的督导办法，注重实效，为保障学校的人才培养质量服务。教学督导工作是学校质量管理的常态形式，但也需要不断地创新督导模式，提高督导效果。

教学督导信息的获取。听课是教学督导员获取质量信息、判断课堂教学质量的主要方式，在这一过程中，课堂教学质量评价指标的内涵起到重要的作用，这是评价的依据和标准。不同类型的课堂教学，其教学质量评价标准也应有所不同。实训类的课堂教学质量评价标准与理论教学类的课堂教学质量标准应有差异，其评价的标准价值取向应该是不同的。实训类的课堂教学在教学内容、教学基本功、教学方法及手段、教学效果方面的要求都更加注重学生的实际操作能力和职业技能的训练，这是培养应用型人才的必然要求。所以，课堂教学质量评价标准的制定要体现不同课程类型的特点和要求，这样才能获取更客观、更有针对性的质量信息。

外籍教师在复合型和应用型外语类人才培养过程中发挥着不可替代的作用，吉外重视外籍教师参与教学督导，外籍教师对课堂教学质量的评价带有国际化的价值取向。外籍教师教学督导员不仅听外籍教师的课，也听中国教师的课。

教学督导员的角色。教学督导员在教学质量监控工作中的作用需要不断进行挖掘与创新，督导中不但要重视"督"，更要重视"导"。他们在工作中扮演着裁判员、教练员和调研员的角色。作为裁判员，教学督导员除了诊断课堂教学质量、给被听课教师评定之外，还要注意挖掘教学改革效果明显的教师，树立教学改革的典范。作为教练员，教学督导员每听一节课，都要与任课教师进行面对面的交流，对课堂教学的内容、方法等给予评价和指导。作为调研员，教学督导员还应就某些专项的教学话题进行深入的调研，形成调研报告，对教学管理提出建设性的意见和建议。

(二) 教学质量信息的反馈

全面质量管理的基本原则是以数据和事实说话，质量信息是全面质量管理不可或缺的重要依据。对学校来说，教学质量信息首先是教学决策的重要依据，其次在教学工作运行过程中，可以通过质量信息反馈，使教学过程能够及时得到监控。因此，对于教学质量监控和评价所获得的信息，要加强现代化管理、科学筛选和提取信息，并做深入分析、研究，使教学信息的结果得到有效运用。通过数据的收集、确认和分析，寻找导致质量问题的原因，从而有针对性地进行质量改进。在教学质量信息的处理过程中，不仅要发现问题，还应挖掘好的典型，搭建学习交流的平台。

获取信息、统计和分析信息都是为了实现信息的反馈和调控。调控包括实时控制和反馈控制，这样才能起到有效的教学质量保证与监控作用，才能形成教学质量的良好运行机制。反馈机制的建立要根据学校的实际，明确信息反馈的主体、客体以及反馈的方式和对信息的处理。通过评教、评学、评管、学生信息员、教学督导员、日常教学检查、专项教学检查等方式，可以产生大量的教学质量信息，这些信息需要梳理、归纳，然后通过各种途径和形式反馈给相关人员和部门，并督促跟踪其整改，形成一个教学质量监控—反馈—跟踪改进的闭环，从而保障教学质量不断提高（见图6-3）。因此，教学质量信息要及时反馈给相关部门，相关部门应根据反馈的结果制定整改措施，并在实践中加以实施，保证教学质量持续改善与不断提升。此外，要善于挖掘、归纳和总结各教学单位工作中的亮点，尤其是具有指导意义和示范作用的好经验和好做法。

吉外在教学质量信息反馈工作中，实施"五个制度"，对教学质量

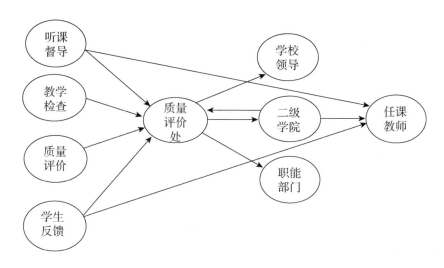

图6-3 质量反馈途径

信息反馈的方式和要求做出具体规定,使信息反馈渠道畅通、快捷、有效。

汇报制度。汇报是信息反馈的一种比较正式的形式,包括:校教学督导员以"月报告"的形式向学校教学质量监控部门汇报本月的教学督导情况;院级教学督导员向学院督导组汇报教学质量信息;教学质量监控部门定期或不定期向学校领导汇报一段时间里的教学质量情况;学生信息员向所在的学院反馈所在班级的教学质量信息等。

通报制度。学校各项教学检查和自我评价的结果及分析可以通报的形式向全校或相关部门通报。例如,每学期二级学院教学督导情况的通报,学生评教、教师评学结果的通报,期末试卷质量检查结果的通报,毕业论文撰写和指导质量的通报,教学检查情况的通报等。

传达制度。学校教学质量监控部门对院(系、部)反映的有关教学的问题、教学检查和督导听课过程中发现的问题等,以"信息反馈交流单"的形式传达给有关职能部门和相关院(系、部),并要求及时将处理意见反馈给教学质量监控部门。其中"信息反馈交流单"这种传达信息的形式既正式也比较灵活。

沟通制度。沟通是教学信息反馈中比较快捷、方便、直接的交流形式。它包括听课后的沟通、专项检查后的沟通、院（系、部）领导与教师间的沟通、教学单位之间的沟通、教学单位与行政部门之间的沟通、社会（行业）与学校之间的沟通等。

简报制度。学校教学质量监控部门每月编制一期《教学质量评价工作简报》，内容包括政策指导、工作动态、交流研讨、督导回音、集思广益、特色课堂等栏目。学校通过简报，发布有关教学质量保障的政策和制度，反馈当月的教学质量监控工作的结果和分析，交流院（系、部）教学质量保障工作的成功经验，推介课堂教学改革特色鲜明的教师等。这种形式的反馈信息量较大，也比较集中。

（三）教学质量的改进

学校内部的质量监控和评价重在保障教学质量，在肯定成绩的同时，更要注重指出问题，并就问题产生的根源进行分析，提出改进的建议（质量改进流程见图6-4）。学校各级领导及相关部门对评价的结果及分析进行讨论，开展部门联动，研究解决问题的措施。在解决问题和改进提高的环节，二级学院要充分发挥好主体作用。这需要各教学单位高度重视在教学质量评价中所暴露及反馈的问题信息，及时整改，以更好地发挥教学质量评价在培养外语类应用型人才中的保障作用。学校出台了《吉林外国语大学本科教学质量保障与监控条例》，成立了以校长为主任的教学质量保障工作委员会，着重推动质量问题的改进，提高质量改进的效率。通过建立教学质量的改进机制，跟踪检查教学质量问题的改进情况，使学校在教学质量监控和评价的促进下，很多方面的质量有了明显的改进与提高。例如，通过对商务英语专业毕业论文的质量检查与评价，促进了商务英语专业毕业论文选题质量的提高。该专业的论文选题曾偏重于文学作品分析，与学生的专业方向国际经贸、金融、保险等相差较远。经过检查和评价并将结果反馈之后，该专业高度重视毕业论文的选题问题，制定了改进措施，之后的毕业论文选题与专业方向对口的比重大幅度提升，并且学生注重论文的选题和内容与专业实习和毕业实习结合起来。

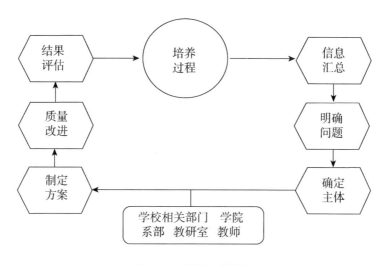

图 6-4　质量改进流程

学校教育教学活动及其服务工作的质量，归根到底表现为学生的素质是否得以提高，学习需要是否得以满足。学校开展应届毕业生对人才培养质量的评价工作已经形成制度，每学年进行一次。教学质量评价处对来自不同途径的质量问题进行评估，根据问题的性质及重要程度，确定问题的主体归属。各学院负责对问题进行核查评估，明确问题责任主体，各主体研究制定整改方案并落实。教务处和教学质量评价处随机对整改的问题进行检查回访，促进学院提高质量改进的效果。

改进提高是质量保障闭环管理的重要一环，学校建立了教务处提出整改措施、校长办公会推进落实、学院实施改进、教学管理部门督促监测等质量改进的途径和方法。对于突出的共性问题由学校进行分析论证，研究解决方案，落实整改。诸如实践教学、合作教育、课程设置等学生满意度较低的质量问题，都曾在校长办公会上推进整改。指向清楚的问题交由各教学单位解决。各学院在质量改进过程中，对本单位质量监控中发现的问题进行分析研究，提出整改措施，并组织落实；对学校反馈的本单位教学质量问题，负责整改落实。为督促二级学院强化持续改进主体责任，教学质量评价处要求学院填写《教学质量监控工作记录》，包括发现的问题、问题分析、解决措施、问题解决负责人、调控效果等内容，借以加强质量改进的过程化管理，跟踪改进的效果。

参考文献

［1］教育部．高等学校英语专业英语教学大纲［S］．1999．

［2］国务院．国家中长期教育改革和发展规划纲要（2010－2020年）［S］．2010．

［3］教育部．关于全面提高高等教育质量的若干意见［S］．2012．

［4］教育部．关于加快建设高水平本科教育全面提高人才培养能力的意见［S］．2018．

［5］教育部．关于深化本科教育教学改革全面提高人才培养质量的意见［S］．2019．

［6］教育部高等教育司．地方本科院校人才培养目标、模式与方法的研究与实践［M］．北京：高等教育出版社，2010．

［7］潘懋元．应用型人才培养的理论与实践［M］．厦门：厦门大学出版社，2011．

［8］秦和．应用型人才培养理论与实践探索［M］．长春：东北师范大学出版社，2012．

［9］刘勇兵，张德江．应用型人才培养模式改革与实践［M］．北京：高等教育出版社，2012．

［10］刘翠兰等．民办本科院校应用型人才培养模式的探索与实践［M］．济南：山东大学出版社，2012．

［11］蔡敬民等．走应用型人才培养之路－合肥学院人才培养模式改革与研究［M］．合肥：安徽大学出版社，2013．

［12］王旭东等．本科应用型人才培养模式研究－理论与实践［M］．北京：科学出版社，2014．

［13］张锡候．民办高校发展与应用型人才培养［M］．郑州：黄河水利出版社，2014．

［14］刘江栋．构建应用型本科人才培养模式－地方本科高校转型之路［M］．天津：南开大学出版社，2016．

［15］黄东显．应用型人才培养改革研究［M］．北京：科学出版社，2017．

［16］秦和．构建高水平应用型人才培养体系探索［M］．长春：吉林大学出版社，2019．

［17］刘昌明．国内外培养外向型人才的基本模式分析［J］．高等建筑教育，2000（12）．

［18］李晓军．英国高等教育大众化对我国应用型本科教育的启示［J］．上海电机学院学报，2005（4）．

［19］蔡慧萍等．从一个外向型人才调查报告看英语人才培养模式和课程设置改革［J］．中国外语，2005（3）．

［20］周恩．大学英语教学改革与中医药外向型人才的培养［J］．上海中医药大学学报，2006（12）．

［21］郭德侠．互助与合作：教师专业成长的有效策略［J］．教育理论与实践，2007（11）．

［22］张海燕，吴风庆．复合应用型人才培养的目标定位与解析

[J]．教育探索，2008（2）．

[23] 潘懋元，车如山．略论应用型本科院校的定位 [J]．高等教育研究，2009（5）．

[24] 金凌虹．地方本科院校应用型人才的培养路径选择 [J]．教育理论与实践，2009（4）．

[25] 任新红，张长岭．高校复合应用型外语人才的培养模式探析 [J]．河北师范大学学报，2009（8）．

[26] 顾永安．新建应用型本科院校教学质量标准制定的依据与要求 [J]．中国大学教学，2010（6）．

[27] 马琳．应用型本科院校外语人才培养模式初探 [J]．咸宁学院学报，2010（7）．

[28] 张亮．日本应用型高等教育研究 [J]．煤炭高等教育，2011（2）．

[29] 肖伟才．理论教学与实践教学一体化教学模式的探索与实践 [J]．实验室研究与探索，2011（4）．

[30] 王力纲．谈应用型人才培养模式的建构 [J]．中国成人教育，2011（4）．

[31] 秦和．坚持内涵式发展培养高素质应用型外语外事人才 [J]．中国高等教育，2012（8）．

[32] 杜才平．美国高等院校应用型人才培养及其启示 [J]．教育研究与实验，2012（6）．

[33] 董泽芳．高校人才培养模式的概念界定与要素解析 [J]．大学教育科学，2012（3）．

[34] 王灵玲．高校复合型外语人才培养研究教育探索 [J]．2012（1）．

[35] 范学谦. 高校外向型专业人才培养模式探讨 [J]. 物流工程与管理, 2012 (10).

[36] 刘勃, 刘玉. 基于真实项目的实践教学体系探索 [J]. 高等工程教育研究, 2012 (1).

[37] 孙玉坤. 中国经济发展转型与高层次应用型人才培养 [J]. 高等工程教育研究, 2012 (2).

[38] 钟秉林. 人才培养模式改革是高等学校内涵建设的核心 [J]. 高等教育研究, 2013 (11).

[39] 禚军. 在外语类应用型人才培养中构建教学质量评价体系 [J]. 吉林华桥外国语学院学报, 2013 (3).

[40] 王青林. 关于创新应用型本科人才培养模式的若干思考 [J]. 中国大学教学, 2013 (6).

[41] 杨伟杰. 高校教师教学质量过程性评价系统的设计与实现 [J]. 现代教育技术, 2013 (3).

[42] 时伟. 论大学实践教学体系 [J]. 高等教育研究, 2013 (7).

[43] 束定芳. 对接国家发展战略, 培养国际化人才 [J]. 外语学刊, 2013 (6).

[44] 邓必鑫. 关于文科本科应用型人才培养的思考 [J]. 吉林华桥外国语学院学报, 2014 (4).

[45] 张鹤. 应用型人才培养模式下高校本科课程体系的构建 [J]. 人才资源开发: 学校之窗版, 2014 (2).

[46] 王正明, 范玉芳. 对实践教育内涵的认识与思考 [J]. 中国大学教育, 2014 (2).

[47] 秦和. 新建本科院校应用型人才培养的探索 [J]. 中国高等

教育，2015（18）.

[48] 陈莉，张森. 美国高校课堂教学特点与启示——以旧金山州立大学为例 [J]. 湖北第二师范学院学报，2015（1）.

[49] 荣海龙. 基于促进外向型经济的湖南外贸英语人才培养策略研究 [J]. 电子测试，2016（2）.

[50] 蔡基刚. 中国高校英语教育 40 年反思：失败与教训 [J]. 东北师大学报：哲学社会科学版，2017（5）.

[51] 戴炜栋. 高校外语专业教育 40 年：回顾与展望 [J]. 当代外语研究，2018（4）.

[52] 吴岩. 新使命大格局新文科大外语 [J]. 中国外语教育，2019（2）.

[53] 佟晓梅. 外语教育应培养复合应用型人才 [N]. 光明日报，2010-04-01.

[54] 王文鹏. 深化产教融合创新应用型人才培养模式 [N]. 郑州：河南日报，2019-07-02.